AF248413

CIVILISATION

DE

L'ALGÉRIE

PAR

ÉMILE DE GIRARDIN

« La France est demeurée jusqu'ici à peu près étrangère au mouvement continu d'émigration qui, depuis quelques années, entraîne vers les régions du Nouveau-Monde une partie des populations européennes.

» Depuis dix ans, la Grande-Bretagne a vu s'embarquer 2,750,000 émigrants, et l'Allemagne, près de 1,200,000. Pendant la même période, l'émigration française n'a pas atteint le chiffre de 200,000.

» En 1857, alors que l'émigration anglaise était de 212,000 individus, et l'émigration allemande de 110,000 environ, les relevés statistiques établis avec soin dans nos départements n'ont signalé le départ que de 18,800 émigrants, chiffre supérieur de 800 seulement à celui de l'émigration constatée en 1856.

» Dans ces relevés, est comprise l'émigration vers l'Algérie, qui, pour chacune des deux années, n'a point dépassé 8,000 à 9,000 individus.

» En conséquence, l'émigration française pour l'étranger serait à peu près de 10,000 individus par année, chiffre tout à fait insignifiant par rapport à la population de l'Empire. »

(*Rapport du ministre de l'intérieur à S. M. l'Empereur des Français, 1859.*)

PARIS

MICHEL LÉVY FRÈRES, LIBRAIRES-ÉDITEURS

2 *bis*, RUE VIVIENNE.

—

M DCCC LX

PARIS. — IMPRIMERIE SERRIERE, 123, RUE MONTMARTRE.

PRÉFACE

Les lettres que nous avons réunies sous ce titre : Civilisation de l'Algérie, sont les réponses aux questions suivantes posées à deux reprises par le journal l'*Algérie nouvelle* :

9 janvier, 1860.

« Nous avons lu les douze volumes intitulés : Questions de mon temps qui résument les travaux de M. Emile de Girardin, et les six brochures qui les complètent ; nous avons mieux fait que de les lire, nous les avons étudiés ; eh bien ! nous y avons trouvé une lacune déplorable ; s'il y est question de l'Algérie, ce n'est qu'incidemment, sans que jamais ses intérêts, les moyens de l'exploiter et de la rendre productive soient examinés d'une manière approfondie.

» Si M. de Girardin était un politique au jour le jour, s'il entrait dans ses allures d'attendre que les événements posent une question pour prendre la peine de l'examiner, notre observation serait sans portée ; mais, lorsqu'on connaît M. de Girardin, on sait qu'il n'en est point ainsi.

» Que pense donc M. de Girardin de l'Algérie ? Approuve-t-il ce qui s'est fait ? Non, car il l'a dit à plusieurs reprises. Mais que veut-il que l'on fasse ? Il ne le dit pas.

» Croit-il que l'Algérie doit être assimilée à la France purement et simplement ?

» Aime-t-il mieux, comme nous, que l'Algérie soit émancipée et ait un gouvernement spécial? Dans ce cas, le siége
du gouvernement doit-il être à Paris ou à Alger? Quelle
serait l'étendue de ses attributions? Quel lien établirait-on
entre la colonie émancipée et la métropole suzeraine?

» M. de Girardin ne l'a pas dit encore et nous avons vu
qu'on lui prête les plus étranges doctrines; nous avons entendu dire mille fois qu'il était un ennemi de la colonie et
qu'il en proposait l'abandon.

» L'éminent publiciste ne pensera-t-il pas que l'Algérie
est d'une trop grande importance, qu'elle pèse d'un poids
trop lourd sur le budget de la France pour qu'un esprit pratique s'en inquiète aussi peu?

» Nous l'espérons fermement et nous croyons que M. de
Girardin se décidera à donner enfin son opinion précise sur
la question algérienne.

» Nous nous rencontrerons sans doute avec lui sur un
grand nombre de points; nous serons heureux de le constater.

» Nous serons peut-être en désaccord avec lui sur d'autres; nous l'exprimerons avec d'autant plus de franchise
que nul mieux que M. de Girardin n'accepte la controverse.

» Dans tous les cas, une discussion sérieuse aura jeté un
jour nouveau sur la question algérienne. »

« 27 janvier 1860.

» Nous profiterons de cette occasion pour faire remarquer à M. de Girardin qu'il est resté sourd à notre appel
en faveur de l'Algérie. Nous connaissons assez l'éminent
publiciste pour être convaincu que son silence n'est pas dé-
finitif, et nous attendons avec impatience son appréciation
des affaires de l'Algérie, que nous devions trouver en lui
un puissant auxiliaire ou un contradicteur convaincu. »

Clément Duvernois.

CIVILISATION DE L'ALGÉRIE

Paris, le 2 février 1860.

A M. le Rédacteur en chef de l'ALGÉRIE NOUVELLE.

I.

Dans les douze volumes que j'ai publiés sous ce titre : QUESTIONS DE MON TEMPS, il y a, dites-vous, une lacune que vous déplorez ; « il n'y est question » de l'Algérie qu'incidemment, sans que jamais ses » intérêts, les moyens de l'exploiter et de la rendre » productive soient examinés d'une manière appro- » fondie. »

Cette lacune que vous signalez avec une insistance qui ne me permet plus de garder le silence, s'explique naturellement par la loi que je m'étais faite, quand je -dirigeais le journal la *Presse*, de confier à des rédac- teurs spéciaux les questions spéciales qu'ils étaient mieux placés que moi pour étudier et pour traiter. Ainsi, j'aurais encore la direction du journal que j'ai fondé, que ce serait vous que je prierais d'y faire connaître les vœux et les besoins de l'Algérie. De ce que l'Algérie n'occupe dans les douze volumes des QUESTIONS DE MON TEMPS qu'un petit nombre de pages, il ne serait donc pas juste d'en conclure que la *Presse* ne lui a pas accordé la place proportionnée à son importance. Le contraire est la vérité, et pour preuve il me suffira de citer le témoignage tout spontané de confiance qui m'a été donné en juin 1849 par l'Algérie, où il ne s'en fallut que de 51 voix que ma candidature, quoique tardivement improvisée, ne fît échouer la réélection de M. de Rancé. Sorti le premier, avec plus de 2,500 voix, du scrutin de liste de la province d'Alger, sorti le troisième du scrutin de liste de la province d'Oran, il a été constaté que j'eusse été nommé, à une grande majorité, représentant de l'Algérie, si le courrier expédié par la province d'Alger à la province de Constantine y fût arrivé à temps. Or, l'Algérie m'eût-elle donné ce gage de confiance que j'aime à rappeler si j'étais resté indifférent à son avenir ? — Assurément non.

Mais de ce que je ne suis pas resté indifférent à l'avenir de l'Algérie, on se tromperait si l'on en tirait la conséquence que j'ai partagé et que je partage les illusions qui ont résisté à tant d'épreuves et de mécomptes. Je l'avoue, même ici dans vos colonnes, au risque de blesser et de refroidir plus d'une sympathie, j'ai toujours été peu favorable aux prétentions et aux tentatives de colonisation. En 1844, j'écrivais et j'imprimais : « Nous sommes de ceux qui n'ont dans
» les idées de colonisation qu'une confiance infini-
» ment restreinte et qui pensent qu'avec le peu de
» suite dans les desseins qui est le caractère et le dé-
» faut de la France, elle doit moins s'attacher à con-
» quérir des territoires pour les coloniser qu'à décou-
» vrir des consommateurs pour les approvisionner.
» Avant de songer à porter au loin le progrès agri-
» cole, commençons donc par nous occuper un peu
» plus de notre sol et par lui faire produire tout ce

» qu'il peut donner. Ne commencerons-nous donc
» jamais une seule fois par le commencement ? La
» colonisation est la ressource que les États doivent
» tenir en réserve pour l'époque où ils auront un
» excès de population. Or, la France n'en est pas là;
» sa population pourrait doubler, que ni le territoire,
» ni le travail ne lui manqueraient encore... Tout ce
» qui a besoin de la serre chaude pour porter des
» fruits coûte cher et vaut peu. La colonisation ne
» fait pas exception à cette règle. Plus qu'aucune au-
» tre entreprise humaine, au contraire, la colonisation
» a besoin de la maturité du temps, car elle a à lutter
» contre une grande difficulté, celle de trouver des
» hommes capables, moraux et patients (1). » Ce que
j'écrivais en 1844, je le pense encore en 1860, et convenez-en, les progrès que la colonisation a faits en
Algérie depuis seize ans n'ont pas été tels qu'ils dus-
sent me faire changer d'avis.

Aujourd'hui, moins que jamais, je crois à la colonisation d'une colonie quelconque ; mais si je croyais
à la colonisation, je n'y croirais que par la liberté, nullement par la réglementation qui est toujours l'arbitraire, encore moins par la force qui est toujours l'impuissance en matière de solutions. Aussi de tous temps
et sous tous les régimes qui se sont succédés en Algérie, ai-je constamment revendiqué pour elle la liberté,
toutes les libertés, et notamment la liberté de la presse.
Le 26 août 1846, contrairement à l'opinion de M. Guizot (2), j'écrivais ce qui suit : « S'il est un pays où la

(1) QUESTIONS DE MON TEMPS, t. II, p. 43.

(2) « Je ne crois pas, pour mon compte, que la liberté de la
presse puisse être, à l'heure qu'il est, introduite réellement, ef-
ficacement en Algérie. » GUIZOT. Voir QUESTIONS DE MON TEMPS, t. II.
p. 67.

» liberté de la presse devrait exister, où elle serait
» utile, nécessaire, indispensable, assurément c'est
» en Algérie, cette terre féconde de l'arbitraire et des
» abus. Loin de craindre ce contrôle, l'administration
» locale devrait le désirer ; car, dans l'impossibilité
» de tout voir, de tout surveiller par elle-même, ce
» serait un vigilant auxiliaire qu'elle aurait, un frein
» puissant qui l'aiderait à réprimer, à prévenir des
» écarts sans nombre. La liberté de la presse, en Al-
» gérie, y vaudrait mieux qu'une armée d'inspecteurs;
» elle y aurait d'incontestables, d'immenses avantages.
» Qu'est-ce qui s'oppose donc à ce qu'elle y soit éta-
» blie ? — On objecte qu'elle aurait le danger de
» mettre nos ennemis au courant de tout ce que nous
» faisons, et d'affaiblir l'autorité qu'il importe au
» contraire de fortifier ? Si cette objection était sé-
» rieuse, savez-vous qu'elle en devrait être la consé-
» quence ? — L'abrogation de l'article 7 de la Charte,
» où il est dit : « Les Français ont le droit de publier
» et de faire imprimer leurs opinions, en se confor-
» mant aux lois. *La censure ne pourra jamais être*
» *rétablie.* » Cela est évident, incontestable. car ce
» qu'il est défendu d'imprimer dans l'*Akhbar*, et
» dans les autres journaux publiés à Alger, on l'im-
» prime, on peut l'imprimer non-seulement dans les
» journaux qui se publient à Paris, mais encore dans
» les journaux de Marseille et de Toulon. Qu'est-ce
» qui s'oppose à ce que les Arabes qui seraient en
» état de lire l'*Akhbar*, la *France Algérienne*, etc., li-
» sent le *Siècle*. la *Presse*. le *Sémaphore*, le *Courrier*
» *de Marseille*. le *Toulonnais*, etc. ? Il n'y a donc, on
» le voit, aucune raison pour maintenir en Algérie le
» régime de la censure ; il y a, au contraire, les motifs
» les plus sérieux pour le supprimer. L'y conserver,
» c'est prendre hautement parti pour les abus dont la.

» liberté de la presse réduirait le nombre ; c'est se
» condamner soi-même. »

La Colonisation de l'Algérie est-elle possible ? — Je
n'en sais rien ; je ne voudrais pas répondre non, et je
n'oserais pas répondre oui. Ce que je sais seulement,
ce que je ne crains pas d'affirmer, c'est que si elle est
possible, elle n'a qu'un moyen, un seul de réussir,
c'est par la liberté comme aux États-Unis. Mais quand
cette liberté n'existe pas en France, peut-elle exister
en Algérie, la colonie peut-elle jouir d'une liberté plus
grande que la métropole ? Si, comme je dois m'y attendre, la réponse à cette question est négative, quel
espoir voulez-vous que je fonde sur la colonisation en
Algérie ? A quoi servirait que je partageasse vos vai-
nes espérances et que je dissimulasse la vérité ? A
quoi ont servi, à quoi servent vos efforts journaliers ?
Ont-ils réussi à faire faire à la Colonisation un seul pas
décisif ?

J'écarte donc, ou tout au moins j'ajourne à d'autres temps le débat approfondi sur la question de Colonisation, question qui me paraît présentement inso-
luble ; le régime politique de la France étant ce qu'il
est, la seule question qui me paraisse opportune et
utile à examiner, est celle de savoir quel serait le
meilleur mode de gouvernement et d'administration
de l'Algérie ?

J'ai toujours été opposé à la création d'un ministère spécial de l'Algérie. En 1846 et 1847 notamment (1),
j'ai aidé à la combattre, lui préférant l'assimilation de
l'Algérie à la France, c'est-à-dire la division de l'Algérie en trois départements, ressortissant au même
titre que les quatre-vingt-six autres départements fran-

(1) Voir la *Presse*, numéros des 15, 18, 23 et 27 mai 1846, 2 mai
et 10 juin 1847.

çais, du ministère de l'intérieur pour toutes les affaires départementales et communales, du ministère de l'agriculture, du commerce et des travaux publics pour toutes les affaires relatives aux travaux publics, au commerce et à l'agriculture, du ministère de la justice pour toutes les affaires relatives à la justice, du ministère de l'instruction publique pour toutes les affaires relatives à l'instruction publique, du ministère des finances pour toutes les affaires relatives à l'établissement et à la perception des impôts, du ministère de la marine pour toutes les affaires maritimes, et enfin du ministère de la guerre pour toutes les affaires *exclusivement* relatives aux commandements et aux opérations militaires, retour à l'ordonnance du 1er décembre 1831. La règle soumise à une exception n'est plus la règle, c'est l'exception. Aussi la division de l'Algérie en trois départements, division qui a prévalu le 9 décembre 1848, mais ressortissant d'une direction spéciale des affaires de l'Algérie placée dans les attributions du ministère de la guerre, n'a-t-elle été que ce que j'avais prévu et prédit qu'elle serait : une idée faussée, ce qui ne vaut pas mieux qu'une idée fausse. Or, il est rare qu'une idée fausse, même après qu'elle a été condamnée par l'expérience, conduise à une idée juste. C'est le contraire qui a communément lieu ; c'est le contraire aussi qui est arrivé. De la division en trois départements algériens, idée faussée par leur attribution exclusive au ministère de la guerre, on en est revenu, en 1858, à la création d'un ministère spécial de l'Algérie proposé en 1847, ne se tirant ainsi, je le répète, d'une idée faussée que pour tomber dans une idée fausse.

A cette époque, en juin 1858, l'idée relativement juste était celle que vous avez défendue plus tard, je veux dire l'idée de la Lieutenance de l'Empereur en

Algérie. Je retrouve dans mes notes que je consulte
le projet suivant, que j'ébauchai sous la forme d'articles à convertir en sénatus-consulte, articles que j'a-
vais fait précéder de considérants, afin de rendre ma
pensée plus précise, plus saisissable, et de présenter
un corps solide à la discussion préliminaire que ce
projet devait indubitablement provoquer :

« Vu l'article 27 de la Constitution du 14 janvier 1852 (1);

» Considérant que les divers régimes essayés en Algérie
» depuis 1830 jusqu'à ce jour n'ont pas, sous le rapport des
» progrès de la colonisation, produit des résultats propor-
» tionnés aux sacrifices que ces régimes ont imposés à la
» France;

» Considérant qu'aucune des nombreuses Commissions
» législatives ou administratives successivement nommées
» pour indiquer ou désigner le meilleur mode de constitu-
» tion de l'Algérie n'a présenté de conclusion;

» Considérant qu'il serait à craindre qu'un ministère spé-
» cial de l'Algérie, proposition souvent faite, placé néces-
» sairement loin du pays qu'il s'agit de coloniser, fût une
» complication plutôt qu'une solution;

» Considérant enfin que l'unité dans un pouvoir local
» fortement constitué et libre dans ses mouvements, doit
» être le moyen le plus efficace de sortir du provisoire,
» d'abréger les lenteurs bureaucratiques et de mettre un
» terme au sacrifices infructueux :

ARTICLE 1er.

» La direction des affaires de l'Algérie à Paris et les fonc-
» tions de gouverneur général de l'Algérie à Alger sont sup-
» primées.

ART. 2.

» L'Algérie sera gouvernée et administrée par un Lieute-
» nant de l'Empereur.

» En cette qualité, il exercera tous les pouvoirs d'organi-

(1) Art. 27. « Le Sénat règle par un sénatus-consulte, 1° la constitution de l'Algérie... »

» sation, de réorganisation, de réforme législative, judi-
» ciaire, administrative, financière, qui appartiennent à
» l'Empereur, sous la seule réserve de l'approbation directe
» de Sa Majesté.

» Le Lieutenant de l'Empereur en Algérie sera représenté
» à Paris, dans ses rapports avec S. M., par un chargé des af-
» faires de l'Algérie.

ART. 3.

» A partir du 1er janvier 1859, l'Algérie aura son budget
» distinct et spécial. Chaque année, ce budget sera soumis
» à l'approbation de l'Empereur, et la Cour des comptes
» statuera, par une déclaration spéciale, sur la conformité
» avec le budget approuvé de toutes les pièces de compta-
» bilité remises à l'appui des recettes et des dépenses de
» chaque exercice clos.

» L'Algérie, à partir de ladite époque, sera tenue de sub-
» venir à ses dépenses au moyen de ses recettes.

ART. 4.

» Sont seules exceptées de ses dépenses et continueront
» de rester comprises au budget général de la France les
» dépenses suivantes :

» 1º Les dépenses de l'armée;

» 2º Les dépenses d'achèvement des travaux militaires
» et maritimes en cours d'exécution ou jugés nécessaires à
» la défense et à la conservation de l'Algérie.

» A l'égard de ces dépenses ayant lieu par suite des vo-
» tes du Sénat et du Corps législatif, il n'est apporté au-
» cune dérogation aux prescriptions et aux règles de la
» Comptabilité publique.

ART. 5.

» Les lois et ordonnances, décrets et arrêtés actuelle-
» ment en vigueur en Algérie, continueront d'y être exé-
» cutoires jusqu'au jour où, en vertu du présent sénatus-
» consulte, ils auront été abrogés par le Lieutenant de
» l'Empereur en Algérie, à qui tout pouvoir est donné de
» les maintenir, de les rapporter ou de les remplacer par
» voie d'arrêtés. »

Par quelles raisons la pensée de la Lieutenance de l'Empereur en Algérie fut écartée pour faire place au décret du 28 juin 1858, portant création du ministère de l'Algérie et des colonies, c'est ce qu'il ne m'appartient pas de dire. Qu'il vous suffise de savoir qu'elles ne me firent pas changer d'avis ; j'avais de trop bonnes raisons à leur opposer.

L'Algérie, avec ses deux millions et demi de musulmans, à moins qu'on ne les extermine, est et sera toujours un pays exceptionnel : la logique veut donc qu'on le gouverne exceptionnellement. Ce ne sera, croyez-le bien, qu'en se plaçant régulièrement dans l'exception qu'on sortira rationnellement du provisoire et de l'arbitraire, de l'inconséquence et de l'impuissance contre lesquelles on se débat, et dans lesquelles on se consume depuis trente ans.

Je sais tout ce qu'on peut objecter contre le régime exceptionnel que je prétends être le seul rationnel.

On a dit et on dira que ce serait l'indépendance de l'Algérie et sa séparation de la France. J'ai répondu et je réponds que, pour qu'il en fût ainsi, il faudrait admettre que le Lieutenant de l'Empereur en Algérie n'eût plus jamais, dans aucun cas, besoin de l'armée française. Or, si l'armée française n'avait plus aucune raison d'être et de rester en Algérie, ce serait d'abord pour la France une économie annuelle de 50 millions au moins, représentant un capital de 1 milliard ; ce serait ensuite la preuve manifeste et matérielle que la question algérienne aurait enfin trouvé sa solution. Mais non ; la lieutenance de l'Empereur en Algérie, ce ne serait pas l'indépendance de l'Algérie, ce serait la suzeraineté de la France. Est-ce que le vice-roi d'Égypte est libre d'autoriser le percement de l'isthme de Suez sans la ratification de l'empereur de Turquie ?

La Lieutenance de l'Empereur en Algérie n'en serait peut-être pas la Colonisation, mais elle en serait, à coup sûr, la Civilisation. Ne serait-ce donc rien que la civilisation de 2,500,000 musulmans ? L'estimerait-on un progrès accompli moins grand que le progrès qui, sous le nom de colonisation, consiste, après trente années d'occupation et 1,500 millions de dépenses, à avoir attiré, à grand'peine, hors de France 100,000 Français (1), pour en faire des colons et des fonctionnaires dits algériens ? Et parmi ces colons, combien en compte-t-on qui se soient enrichis ? Qu'ont-

(1) POPULATION EUROPÉENNE DE L'ALGÉRIÈ AU 1ᵉʳ JANVIER 1858.

Français...	province d'Alger	51,231	106,930
	— d'Oran	29,277	
	— de Constantine	26,422	
Espagnols..	province d'Alger	23,365	46,245
	— d'Oran	21,342	
	— de Constantine	1,538	
Portugais..			158
Italiens....	province d'Alger	3,901	10,421
	— d'Oran	1,998	
	— de Constantine	4,522	
Anglo-Maltais..			7,511
Anglais et Irlandais..			353
Belges et Hollandais..			562
Allemands..			5,759
Polonais..			225
Suisses..			1,942
Grecs..			60
Divers..			1,207
			188,872

Administrés civilement..	169,265
— militairement..	11,297
Hommes..	61,833
Femmes..	47,237
Enfants..	71,402
Urbaine..	112,126
Rurale..	23,029
Agricole..	45,317

En 1859, la population européenne, au lieu de s'accroître, a sensiblement décru ; au lieu d'immigrer, on a émigré.

ils gagné à quitter la France pour l'Algérie ? Y ont-ils
trouvé plus de bien-être ? y ont-ils trouvé plus de liberté ? Je vous le demande, à vous qui résidez à Alger depuis longtemps et qui êtes journellement en re-
lation avec eux ? Il arrive souvent aux Français de
parler des Turcs avec dédain. Soyons justes une fois :
s'ils gouvernent mal les chrétiens qu'ils ont subju-
gués, gouvernons-nous beaucoup mieux les musulmans que nous avons vaincus ? Les opprimons-nous
beaucoup moins ? Toutes les fois que le sentiment com-
primé de la religion et de la nationalité a fait explosion
en eux, leur avons-nous épargné l'extermination ? Pou-
vions-nous faire autrement ? — Non. Il est des conséquences inévitables et inflexibles. La Colonisation a
pour conséquences l'extermination, l'expulsion, l'oppression ou l'assimilation des peuplades auxquelles
elle tend à se substituer (1). Quels moyens connaissez-
vous de nous assimiler les musulmans que nous avons
faits les sujets de la France malgré eux ? Quels moyens
connaissez-vous de les expulser de leur pays ? Jusqu'où les refouler ? S'il n'est possible ni de les expulser ni de se les assimiler, quels moyens connaissez-
vous, lorsqu'ils se soulèvent, de ne pas les exterminer
pour échapper soi-même à l'extermination ? — En les
empêchant de se soulever, me répondrez-vous. — Mais,
vous répliquerai-je, comment s'y prendre pour les

(1) Les conquêtes de l'Angleterre s'opèrent par voie de substitu-
tion et non par voie de fusion. Les autres races fuient ou s'étei-
gnent devant celle-là, qui les refoule quand elle ne peut les exterminer, et elle n'est à son aise qu'en présence du désert. C'est ainsi
que les peuplades indigènes disparaissent dans l'Amérique du Nord,
à mesure que les Anglo-Américains s'avancent vers l'intérieur des
terres ; et quant à la race des Indous, trop nombreuse et trop productive pour que l'on songe à la supplanter, elle n'échappe à la
destruction que par l'oppression.

LÉON FAUCHER. *Études sur l'Angleterre*, t. I, p. 11.

en empêcher? Vous condamnerez-vous donc à entretenir éventuellement en Algérie une armée considérable aussi longtemps que la France comptera au nombre des nations? Appelé, en qualité de membre du Conseil supérieur de l'Algérie, à me poser, notamment à propos de la garantie d'intérêt à allouer aux chemins de fer algériens, la question de savoir quel avenir était réservé à notre possession, plus j'y ai profondément réfléchi, et plus je me suis affermi dans la conviction qu'il n'y avait qu'un seul parti à prendre pour rendre cet avenir moins précaire, c'était de renoncer à l'idée fausse de la Colonisation pour y substituer l'idée juste de la Civilisation; c'était de supprimer le ministère spécial de l'Algérie, régime bâtard, pour le remplacer par la Lieutenance de l'Empire, véritable règne.

Ai-je besoin de dire en quoi diffèrent les deux systèmes exprimés par ces deux mots opposés l'un à l'autre :

Colonisation,

Civilisation ?

La Colonisation est le système qui subordonne, je ne veux pas dire qui immole l'indigène fanatique au colon problématique, qui de l'accessoire fait le principal et du principal l'accessoire, en vertu du droit de la conquête et au mépris du droit de la nationalité, de ce droit si en faveur en ce moment, grâce à la France.

La Civilisation est le système qui subordonne le colon à l'indigène, qui du principal fait le principal et de l'accessoire l'accessoire, qui, conséquemment, ayant à instituer un gouvernement en Algérie après la conquête, ne l'institue pas pour 100,000 colons, mais l'institue pour les indigènes au nombre de 2,500,000.

Dira-t-on qu'il est impossible de civiliser le musulman, l'Arabe, le Maure? L'histoire est là pour prouver le contraire; mais si cela était impossible, plus impossible encore serait de se les assimiler. Qui dit assimilation du musulman au chrétien dit abjuration; qui dit Civilisation dit extinction du fanatisme, sans dire extinction de la croyance. Le moyen de coloniser l'Algérie, s'il existe, c'est de civiliser l'indigène. La civilisation crée des besoins; les besoins multiplient les échanges; les échanges commerciaux nouent les rapports sociaux; les rapports sociaux modifient les types individuels. Je crois qu'on serait arrivé plus vite à la Colonisation de l'Algérie par la Civilisation de l'indigène, qu'on n'arrivera à la Civilisation de l'indigène par la Colonisation de l'Algérie.

L'épreuve par la Colonisation n'ayant pas réussi, l'épreuve par la Civilisation reste à tenter.

Je l'avoue, j'eusse vu sans crainte le prince Napoléon l'entreprendre résolûment en qualité de Lieutenant de l'Empereur, doué précisément comme il l'est des qualités qui eussent été nécessaires au succès d'une pareille tâche : Rapidité de coup d'œil, activité de corps, indépendance d'esprit, sentiment inné de la justice, haine implacable de l'arbitraire, de tous les abus, de toutes les exactions, de toutes les concussions, de toutes les dilapidations, sous quelque nom et sous quelque forme qu'ils se cachent ou se déguisent.

Ce que le Prince Napoléon a fait, du 24 juin 1858 au 7 mars 1859, pendant les huit mois seulement qu'il a été chargé du ministère de l'Algérie, ne saurait donner exactement l'idée de ce qu'il eût indubitablement fait s'il eût été nommé Lieutenant de l'Empereur avec des pleins pouvoirs, et s'il se fût installé à Alger, après avoir visité soigneusement les trois provinces d'Oran, d'Alger, de Constantine, et vu par ses yeux, car je ne sache personne qui voie plus vite et mieux, qui interroge avec plus de sagacité et retienne avec plus de fidélité. Il comprend tout et n'oublie rien. Ceux qui diraient que je le flatte en m'exprimant ainsi prouveraient seulement qu'ils ne le connaissent pas. Les choses dépendent plus qu'on ne le croit généralement du point de vue auquel on se place pour les étudier et les traiter. L'Algérie se fût présentée sous un tout autre aspect aux yeux du Prince Napoléon, Lieutenant de l'Empereur, résidant à Alger, qu'aux yeux du Prince Napoléon, chargé du ministère de l'Algérie et des colonies, résidant à Paris.

Exerçant en Algérie, en qualité de son Lieutenant, tous les pouvoirs qui appartiennent à l'Empereur, sous la seule réserve de sa ratification, et assisté par deux ministres, le ministre des revenus algériens et le ministre des services algériens, le Prince Napoléon eut pu y simplifier les rouages d'une administration déjà trop compliqués pour une population compacte de trente-six millions d'habitants, conséquemment tout à fait disproportionnés pour une population de cent mille colons; il eut pu y introduire l'unité d'impôt, laquelle eut suffi pour y dénouer le nœud de toutes les questions de propriété, et rendre inutile toute démarcation entre territoire militaire et territoire civil; aimant la liberté comme on sait qu'il l'aime, c'eut été une garantie pour le Français, l'Espagnol, l'Allemand, l'Anglais, le Suisse, l'Italien, le Maltais, qui eussent été tentés d'aller en Algérie, les uns pour y chercher de la terre propre à certaines cultures, terre qu'ils eussent été assurés d'y trouver tout de suite moyennant le simple payement de l'impôt unique; les autres pour y fonder des entrepôts de commerce en concurrence de ceux qui prospèrent à Gibraltar, ou pour y exploiter les mines de cuivre, de plomb, de fer, d'antimoine, les carrières de marbre et les forêts qu'elle renferme..,

Les Grecs ont pour roi un prince bavarois; les Maures, les Arabes, les Kabyles, les Koulouglis, qui forment en Algérie la population indigène, eussent eu, dans cet ordre d'idées que je viens d'exposer, un prince français pour chef de leur gouvernement; c'eut été un retour à la logique qui ne sait comment expliquer cette contradiction de la France se battant sur une rive de la Méditerranée pour affranchir la nationalité italienne de l'oppression de l'Autriche, et se battant sur l'autre rive pour retenir sous son joug la nationalité algérienne. Ou le droit de la nationalité, ou le droit de la conquête ! Mais qu'il soit le même sur l'une et l'autre rive. Ce qui est vérité sur l'une ne saurait être mensonge sur l'autre. Toute politique qui a deux poids pour la même action est une politique fausse. On sait que, la conquête effectuée, je suis pour le droit de la conquête contre le droit de la nationalité, je ne saurais donc être accusé de céder ici à un en-traînement dont je reconnais d'ailleurs la noblesse, en proposant de substituer en Algérie le régime de la Civilisation au régime de la Colonisation. C'est à une autre source que celle de la nationalité que je puise les motifs sur lesquels je me fonde pour préférer la lieutenance de l'Empereur au ministère spécial. Je le déclare, je serais sans scrupule du parti de la Coloni-sation si j'entrevoyais la possibilité de renverser ces deux chiffres : 100,000 colons d'un côté, 2,500,000 indigènes de l'autre côté; si j'apercevais le moyen de convertir la minorité en majorité, et la majorité en minorité. Mais, même dans ce cas, je serais encore contre le ministère spécial; je serais alors pour l'en-tière assimilation de l'Algérie à la France, purement et simplement augmentée de trois départements ; je serais enfin pour qu'il n'y eût plus de différence entre le département d'Oran, le département d'Alger, le département de Constantine et le département de la Corse, de même qu'il n'y en a aucune entre le département de la Corse et le département de la Gironde.

Puisque vous avez insisté pour les connaître, telles sont mes idées sur l'Algérie, idées qui s'accordent avec les vôtres sur les points suivants : suppression du ministère de l'Algérie à Paris et création d'un gouvernement spécial, mais civil, possédant les attributions les plus étendues, et ayant son siége à Alger ; idées qui, peut-être, en différeront sur la Civilisation de l'indigène substituée à la Colonisation du territoire. C'est ce que m'apprendra votre réponse.

Mais ces idées, vous les connaissiez ; car, il y a un an, le 9 janvier 1859, je vous écrivais particulièrement en ces termes, exprimant la même pensée sous une autre forme :

« Plus je plonge au fond de la question algériënne,
» plus je sens le doute me submerger. Je crains fort
» que tout ce qu'on se propose d'entreprendre ne soit
» de l'argent enfoui en terre à la manière des Arabes,
» avec cette différence qu'après l'avoir enfoui, on ne
» l'y retrouvera pas.

» Je ne crois pas à la colonisation; fût-elle possible,
» *qu'on en serait détourné par le cours torrentiel des évé-*
» *nements, qui débordera* avant qu'elle ait eu le temps
» d'élever ses degrés.

» Il n'y avait, il n'y aurait qu'une seule solution :
» 1° Suppression du ministère spécial de l'Algérie;
» 2° Nomination d'un Lieutenant de l'Empereur avec
» tous ses pouvoirs;
» 3° Francisation des 2,500,000 Maures, Arabes, Ka-
» byles, Koulouglis et Israélites;

» 4° Adoption d'un régime qui rendît cette francisa-
» tion équitable et facile;

» 5° Unité de territoire, c'est-à-dire plus de démar-
» cation entre territoire civil et territoire arabe; con-
» séquemment, individualisation de la propriété subs-
» tituée à la féodalité communiste de la tribu;

» 6° Unité de population, c'est-à-dire plus de dis-
» tinction entre l'Africain, l'Européen ou l'Américain,
» entre le musulman, le catholique ou le protestant,
» chacun ayant en matière de mariage sa foi pour loi,
» seul moyen de dénouer ce triple nœud : polyga-
» mie, indissolubilité du lien conjugal, divorce;

» 7° Unité de justice, c'est-à-dire le même magis-
» trat appliquant à tous la loi commune et à chacun
» sa loi spéciale dans les deux ou trois cas exception-
» nels où elle serait nécessairement différente.

» Hors de cette solution, je ne vois que des millions
» gaspillés aussi inutilement sous le nom de Colonisa-
» tion qu'on en a dépensés sous le nom de Conquête.

» Je souhaite ardemment de me tromper. Ce ne sont
» pas les conseils généraux, qu'ils soient nommés par
» le ministre ou qu'ils soient élus par le contribuable,
» qui changeront l'état des choses, croyez-le. Quant
» à moi, faible dent de l'engrenage, je ne servirai qu'à
» en démontrer l'impuissance; je n'ai à cet égard au-
» cune illusion. »

Si déjà en janvier 1859 je n'avais pas d'illusions,
comment en aurais-je en février 1860, après qu'une
année est venue confirmer par ses déceptions toutes
mes prévisions et donner raison à ma démission, en-
voyée le jour même de la retraite du prince Napoléon,
de membre du Conseil supérieur de l'Algérie?

ÉMILE DE GIRARDIN.

A M. Emile de Girardin.

La libre colonisation c'est la civilisation.

I

Vous avez répondu à mon appel : je vous en remercie, mais je ne m'en étonne point, car je sais qu'apôtre fervent de la libre discussion, vous donnez une grande force à vos doctrines par une pratique constante et loyale. Si vous engagez les autres à laisser discuter leurs actes et leurs idées, vous savez au besoin donner un exemple qui malheureusement n'est point assez suivi. Au lieu de vous draper fièrement dans votre réputation immense et méritée, comme d'autres se drapent dans leur position officielle, vous faites passer chacune de vos idées au creuset de la controverse.

Aussi suis-je très libre pour vous dire en quoi ma manière d'envisager la question algérienne diffère de la vôtre, et croirais-je mal répondre à la bienveillance que vous m'avez témoignée, à l'honneur que vous me faites aujourd'hui, si je m'inclinais sans examen devant des opinions que je ne partage pas complètement.

J'avais dit que l'Algérie tient une très faible place dans vos œuvres, et vous en convenez vous-même en m'expliquant cette lacune ; mais cette lacune existait bien réellement et je suis heureux de vous voir la combler. Vous rappelez pourtant un article publié dans la *Presse* en 1846 sur l'utilité et l'importance de la presse en Algérie ; ce n'est pas sans une émotion bien vive que j'ai relu en ce moment ces paroles généreuses, et dans ces lignes écrites par un homme tel que vous, je trouve ample matière à me consoler des colères qui grondent, à me fortifier dans une lutte que je crois utile au pays.

Mais pour répondre à votre confiance, pour rendre utile le débat que j'ai provoqué, j'entre de plein pied dans la discussion.

Je laisse momentanément de côté la question de la lieutenance de l'Empereur sur laquelle nous sommes d'accord, et je passe à la question de colonisation sur laquelle je ne partage pas votre manière de voir.

D'après vous, la colonisation de l'Algérie, comme but principal de la conquête, est condamnée par l'expérience ;

D'après vous, en second lieu, elle serait ruineuse pour la France ;

D'après vous encore, elle ne pourrait procéder que par le refoulement ou la dépossession des indigènes qu'elle ne remplacerait pas ;

D'après vous, enfin, il faut songer à la civilisation des Arabes, qui est une réalité, et ne pas s'inquiéter de la colonisation qui est une chimère.

Voilà, je pense, votre opinion fidèlement résumée.

D'après mon sentiment, au contraire, l'expérience des vingt-neuf dernières années ne prouve absolument rien pour ni contre la colonisation ;

D'après mon sentiment, la colonisation de l'Algérie ne doit rien coûter à la France ;

D'après mon sentiment, la colonisation, non-seulement ne doit pas procéder par le refoulement ou la dépossession des indigènes, mais elle a tout intérêt à ne pas procéder ainsi ;

D'après mon sentiment, enfin, la civilisation des

Arabes, sans le développement de la colonisation, serait une chimère, et c'est par la colonisation de l'Algérie que je prétends arriver à la civilisation des Arabes.

Vous voyez, Monsieur, que je mesure sans hésiter l'espace qui nous sépare : c'est le moyen le plus sûr de le combler.

I. Je dis que l'expérience des vingt-neuf années qui viennent de s'écouler ne prouve rien pour ni contre la colonisation. Et comment pourrais-je penser autrement, lorsqu'il m'est démontré que depuis vingt-neuf années, rien de sérieux n'a été tenté ? Irai-je donc, quand vous parlerez des merveilleux résultats que doit donner un régime de liberté, vous opposer la fin tragique de la Restauration ou de la dynastie de Juillet ? Vous me répondriez avec grande raison qu'il ne faut point prendre les mots pour les choses, et que si la liberté était inscrite dans la charte octroyée ou dans la charte jurée, il ne s'ensuit pas qu'elle fût dans les institutions du pays ; que cette prétendue liberté dont on jouissait alors était à la liberté que vous voulez ce que l'apparence est à la réalité. Je vous réponds de même qu'il ne faut point prendre des programmes pour des faits, et que si rien n'a été plus répété que le mot : Colonisation, rien n'a été moins tenté que la chose qu'elle représente.

Accepterez-vous donc comme une tentative de colonisation le *soldat laboureur* de M. Bugeaud ? Préférerez-vous de beaucoup les colonies agricoles de 1848, les villages administratifs qui sont encore en honneur ? Considérerez-vous comme des tentatives sérieuses de colonisation ces expédients empruntés à l'empirisme économique ?

A quelle époque, à quel moment l'émigration a-t-elle trouvé en Algérie les terres qui sont nécessaires à l'installation de l'agriculture ? A quelle époque, à quel moment le commerce a-t-il eu la liberté d'exportation ou d'importation ? A quelle époque, à quel moment a-t-il eu seulement une liberté complète de circulation à l'intérieur ? A quelle époque, à quel moment l'industrie a-t-elle cessé d'être entravée par des formalités minutieuses ? A quelle époque, à quel moment l'émigration a-t-elle trouvé des garanties suffisantes pour les personnes et les propriétés ? Est-ce au moment où l'on mobilisait la milice d'Alger ? Est-ce à l'époque où le gouverneur-général expulsait dans les vingt-quatre heures l'homme qui lui avait déplu ?

Et si en Algérie l'émigration n'a jamais trouvé ni terres, ni routes, ni eau, ni liberté, peut-on dire avec juste raison que des tentatives de colonisation y aient été faites ! Peut-on conclure de ce qui ne s'est pas fait qu'il n'y ait rien à faire ?

Non, Monsieur, non, le passé de l'Algérie ne prouve absolument rien contre l'idée de colonisation, et il ne saurait la condamner. Il prouve que le régime militaire est impuissant, malgré le plus louable zèle, à l'organisation des choses civiles. Il condamne la colonisation *en douze temps*, la colonisation de serre chaude; il condamne l'idée d'aller chercher un homme en Europe, de l'emporter comme un ballot, pour le planter comme un arbre en Algérie et l'y cultiver officiellement; il condamne le protectionnisme en matière de colonisation, la colonisation par l'État, mais il ne prouve rien, absolument rien contre la colonisation par la liberté, la seule possible, la seule rationnelle, la seule aussi qu'on n'ait pas mise à l'épreuve. Il ne prouve pas plus contre elle que l'impuissance d'un régime de demi-liberté ne prouverait contre un régime de liberté, que l'impuissance de la paix armée ne prouverait contre la paix réelle.

Mais vous croyez aussi que si la colonisation est possible, c'est seulement par la liberté ; malheureusement vous ajoutez : « Quand cette liberté n'existe pas » en France, peut-elle exister en Algérie? la colonie » peut-elle jouir d'une liberté plus grande que la » métropole ? »

Je serais fort embarrassé, sans doute, de répondre à cette question, si je ne connaissais votre définition du *possible* et si, depuis longtemps, je ne l'avais prise pour règle.

Pour vous, comme pour moi, le Possible, en matière économique ou politique, c'est ce qui est simple, rationnel, utile ; l'Impossible est, au contraire, ce qui est compliqué, irrationnel, préjudiciable. Vous n'admettez pas plus le Possible relatif, que le Vrai relatif. Peu vous importe que le Possible cesse de le paraître à cause de telles ou telles tendances momentanées de ceux qui ont mission de résoudre ; vous admettez qu'un publiciste est fait pour dire la vérité, et non une certaine vérité, pour demander ce qui est logiquement possible, et non ce qui est apparemment possible. C'est aussi ma manière de comprendre la publicité.

En prenant ces définitions pour base, il me suffit donc de démontrer, pour répondre à votre question, que l'application des idées de liberté à la colonisation de l'Algérie serait simple, rationnelle, utile.

Serait-il simple de dire aux colons qui viennent en Algérie : « Prenez de la terre ou achetez-en ; cultivez-la à votre manière et à votre heure ; quand vous voyez une chute d'eau inutilisée, prenez-la, en vous bornant à l'annoncer et à payer une redevance ; si vous découvrez une mine, exploitez-la à vos risques et périls, après en avoir fait la simple déclaration ; si vous voyez un cours d'eau inutilisé, et qu'il vous plaise d'en faire un moyen d'irrigation, associez-vous, formez librement un syndicat, et exécutez les travaux nécessaires ; vous plaît-il mieux de commercer ? commercez librement, avec qui vous voudrez et dans les conditions qui vous paraîtront les plus profitables. » Serait-il simple de dire cela et de supprimer ainsi d'un coup tant de rouages inutiles ?

Serait-il rationnel de laisser à chacun la liberté d'action qui lui est nécessaire, au lieu d'intervenir dans toutes les choses de l'industrie, de l'agriculture, du commerce ?

Serait-il utile à l'Algérie de jouir ainsi d'une liberté féconde ? Serait-il utile à la France de voir sa colonie prospérer, et de faire sur le sol algérien l'expérience des idées de liberté ?

A ces trois questions je réponds affirmativement.

Répondez-vous négativement ?

Répondez-vous affirmativement ?

Si vous répondiez négativement, vous seriez en désaccord avec vos doctrines.

Si vous répondez affirmativement, vous reconnaissez avec moi que la colonisation de l'Algérie est possible, à moins que vous n'y voyiez des obstacles naturels, venant du climat ou de toute autre cause analogue, ce qui déplacerait le débat.

II. Je passe à votre seconde objection bien moins grave, maintenant que j'ai répondu à la première.

Vous pensez que la colonisation de l'Algérie coûterait des millions à la France ; je prétends qu'elle ne doit rien coûter.

Je crois qu'ici notre dissentiment provient surtout d'un malentendu. La colonisation par l'État serait ruineuse, j'en tombe d'accord avec vous ; mais, pas plus que vous, je ne demande à l'État de coloniser ; je lui demande de laisser coloniser et de nous donner les instruments qui sont nécessaires pour coloniser, ce qui, vous en conviendrez, est tout différent.

Pourtant je vois place à une objection.

J'ai demandé et je demande pour l'Algérie la création d'un réseau de chemins de fer qui coûterait trois cent millions. Pour exécuter ce travail qui me semble indispensable et préliminaire de toute colonisation, il faut, me dit-on, que la France donne aux Compagnies une subvention ou tout au moins leur garantisse un minimum d'intérêt.

J'ai répondu et je réponds que l'Algérie peut donner elle-même une subvention aux Compagnies en leur remettant une partie des terres disponibles, comme cela se fait en Amérique avec grand succès ; quant à la garantie de minimum d'intérêt, la France peut la donner sans se plaindre ; car, d'une part, la construction du réseau permettra à la France d'économiser une somme au moins égale à sa garantie nominale, sur l'effectif de l'armée d'occupation, sur le transport des dépêches le long du littoral, etc. ; car, d'autre part, le jour où l'Algérie aura son budget, elle sera en mesure de combler elle-même une partie du déficit que je ne crains pas, mais que l'on craint.

III. Votre troisième objection porte sur ce point que la colonisation doit avoir pour effet de sacrifier la nationalité arabe et aussi de procéder par voie de refoulement ou de dépossession.

Je tombe d'accord avec vous que la nationalité arabe est sacrifiée en Algérie, mais ce n'est point du fait de la colonisation, c'est du fait de la conquête. Depuis le jour où l'armée française a mis le pied sur le territoire algérien, les Arabes ont été supprimés en tant que nationalité, et il en sera ainsi jusqu'au jour où l'armée française abandonnera le sol algérien. Ne me dites pas qu'avec un Lieutenant de l'Empereur l'Algérie arabe sera dans la même position que les Grecs vis-à-vis du roi Othon ; car le roi Othon n'a pas à côté de lui une armée étrangère, soldée par l'étranger, précisément pour maintenir le droit de conquête.

Et d'ailleurs, vous ne sauriez soutenir contre moi le droit des nationalités que vous combattiez il y a peu de semaines contre M. Guéroult et contre le *Progrès* de Lyon. Vous devez donc reconnaître avec moi le droit de conquête en Algérie, et la première partie de votre objection tombe d'elle-même.

Mais s'ensuit-il de ce que j'admets le droit de conquête que je dise avec vous : « La colonisation a pour » conséquences l'extermination, l'expulsion, l'oppres- » sion ou l'assimilation des peuplades auxquelles elle » tend à se substituer. »

Je ne saurais admettre comme inévitables les consé-quences que vous prédisez : l'extermination n'a au-cune raison d'être, selon moi, parce que je ne crois pas que les indigènes aient la moindre velléité de se soustraire à notre pouvoir ; parce que je crois que pour maintenir l'ordre, il n'est pas nécessaire d'un déploiement de forces aussi considérable que vous semblez le croire. Si vous revenez sur ces points, je développerai mon opinion. En attendant, je donne comme certain qu'une insurrection générale du pays est impossible aujourd'hui ; qu'il ne peut plus y avoir que des insurrections partielles, dirigées le plus sou-vent contre les chefs indigènes.

Je n'admets pas non plus que le but de la colonisation doive être de se substituer aux peuplades vaincues. Je crois que l'État, successeur des Turcs, maîtres du pays, a hérité de tous leurs droits sur le sol, et que toutes les terres sur lesquelles les tribus n'ont qu'un droit de jouissance collective, sont à la disposition de l'État. Je demande à l'État, puisqu'il est obligé de renoncer à son droit de propriété en faveur de quelqu'un, d'en profiter pour créer la propriété individuelle : que dans chaque tribu il fasse deux parts, l'une sera remise par lots aux divers membres de la tribu ; l'autre sera vendue aux acquéreurs qui se présenteront. L'espace est assez grand pour qu'on fasse place à la colonisation, sans gêner le moins du monde la population indigène. De cette façon, je donne à l'émigration la terre qui lui fait défaut, et du même coup je substitue l'unité territoriale à l'unité générique par la création de la commune.

IV. Il m'est facile d'aborder maintenant le quatrième point du débat. Je dis que la civilisation des Arabes est possible par la colonisation, et que c'est seulement ainsi qu'elle est possible.

Si les Arabes sont mauvais producteurs, s'ils ont des vices nombreux, cela ne tient certainement pas à leur nature qui n'est pas inférieure à la nôtre, mais à leur organisation sociale qui est déplorable.

Une féodalité qui n'a même pas pour base l'hérédité des titres, une magistrature vénale, des chefs improbes, le communisme en matière de propriété, l'abrutissement des hommes et l'hébêtement des femmes, voilà ce que nous avons trouvé chez les Arabes.

Croyez-vous que ce sera en maintenant chez eux les institutions qui les ont perdus ; en leur distribuant comme devant des coups de trique en temps de paix et des coups de fusil en temps de guerre ; en maintenant l'impôt sur le produit et le système des corvées, que nous arriverons à rendre meilleurs ces hommes courbés depuis si longtemps sous le joug ? Je ne le pense pas.

Le seul mode pour les améliorer, c'est de faire d'abord appel au sentiment qui est le plus développé en eux; l'intérêt, en les faisant propriétaires, de serfs qu'ils sont encore; de nous emparer ensuite de l'instruction primaire qui est entre les mains d'ignorants fanatiques; enfin, de laisser nos colons s'installer à côté des Arabes et les amener peu à peu à nos mœurs par l'attrait de l'exemple. L'Arabe propriétaire voudra conserver une valeur vénale à sa chose; de là, nécessité de travailler; il voudra que sa propriété ait une valeur égale à celle du colon son voisin; de là, nécessité de perfectionner sa culture. Enfin, l'installation de l'industrie européenne débarrassant ses compagnes d'une foule de travaux, la polygamie disparaîtra peu à peu avec les causes qui la produisent.

Voilà comment je comprends la civilisation des Arabes; j'admets la civilisation des Arabes pris individuellement, non la civilisation de l'Arabe-peuple qui est mort et bien mort. Je ne crois pas à la civilisation du peuple arabe par un isolement systématique de ce peuple; je crois à la fusion des races qui peuplent et peupleront l'Algérie, à l'abri de la fusion des intérêts.

L'Arabe n'a pas l'expérience, la science, qui permettent d'exploiter les mines avec profit, de construire les usines, de faire les barrages, etc. L'Européen entreprendra ces travaux utiles. L'Européen n'a pas pour lui le nombre : les Arabes seront là pour y suppléer en venant travailler volontairement sous sa direction.

C'est ainsi, je le répète, que s'accomplira, non pas l'assimilation des Arabes aux Européens, mais la fusion des uns et des autres par la combinaison des efforts, des tendances, des aptitudes; c'est ainsi que des hommes des nationalités les plus diverses viendront se précipiter dans ce creuset qu'on appelle l'Algérie, pour en faire jaillir un peuple nouveau, fort comme tous les peuples neufs.

Si l'on veut arriver promptement à quelque chose de sérieux en ce sens, la première chose que la France ait à faire c'est de renoncer à centraliser les affaires de l'Algérie à Paris, ce qui entraîne des lenteurs déplorables; qu'elle renonce à l'idée fausse de l'assimilation de l'Algérie à la France, pour l'idée juste du gouvernement de l'Algérie par elle-même sous la suzeraineté de la France.

J'arrive ainsi à notre point commun : la nomination d'un lieutenant de l'empire, d'un vice-roi; seulement, je ne me le figure pas comme vous, vice-roi des Arabes; je me le figure chargé de présider à la fusion des intérêts et des races, chargé de créer l'unité dans la tour de Babel.

Pour cela, que devra-t-il faire?

1° Créer l'unité territoriale qui aura pour base la commune, et supprimer l'unité générique qui se traduit par la tribu; supprimer bien entendu toutes ces distinctions de territoire arabe, civil, militaire, mixte, etc., qui n'ont aucune raison d'être;

2e Créer ensuite l'unité de population comme vous le demandez, en donnant à l'Algérie une loi civile, libérale;

3° Unité de juridiction criminelle, civile et commerciale, comme vous le demandez également.

Vous voyez que là nous sommes complètement d'accord.

Je comprends, Monsieur, que ce qui se passe en Algérie ne soit pas de nature à vous donner, en 1860, des illusions que vous n'aviez pas en 1859; je n'ai guère sujet non plus, convenez-en; d'être enthousiasmé, et je ne le suis pas; mais j'ai foi dans l'avenir.

Je crois avoir répondu, Monsieur, à vos principales objections : si j'en ai oublié quelqu'une, veuillez me la rappeler. Je désirerais, de mon côté, vous voir en-

trer dans de plus grands détails sur deux points : Individualisation de la propriété ; sur ce point, je voudrais savoir si vous pensez qu'il faille procéder comme
j'ai dit dans cette lettre. L'autre affaire n'est pas moins
sérieuse : je voudrais savoir par quelle modification
de la loi civile française vous arrivez à « dénouer
» ce triple nœud : polygamie, indissolubilité du lien
» conjugal, divorce. »

J'attends votre réplique, et je vous en remercie
d'avance. Quelle que soit l'issue de cette discussion,
je vous félicite de l'avoir entreprise, car vous deviez à
l'Algérie, en ce moment de détresse suprême, l'appui
de votre immense talent. Quant à moi, je crois avoir
rendu un véritable service à la cause que je sers en at-
tirant votre attention sur notre malheureuse colonie.

CLÉMENT DUVERNOIS.

II

Nous appartenons, vous et moi, à la même école ; nous ne discutons pas pour discuter, nous discutons pour nous affermir dans notre opinion si elle est vraie, la fortifier où elle est faible, la redresser où elle est fausse, l'abandonner si elle ne peut être redressée. La discussion est la balance qui, à défaut de l'application, nous sert à vérifier ce que l'idée pèse comparativement à l'objection, et l'objection comparativement à l'idée. Paraître avoir raison n'est pas ce qui nous importe ; ce qui nous importe c'est que la raison ait raison et que l'erreur ait tort.

D'accord sur tous les autres points, le seul point sur lequel nous différions est celui que j'avais pressenti ; ce point consiste à faire passer, contrairement à mon avis, la Colonisation du territoire avant la Civilisation de l'indigène, au lieu de faire passer la Civilisation de l'indigène avant la Colonisation du territoire. Intrépide et persévérant défenseur de la cause coloniale, vous écrivez résolument sur votre drapeau : « *La libre* » *colonisation c'est la civilisation !* » Vous êtes la foi, je suis le doute. C'est un avantage que vous avez sur moi, je le reconnais, car au-dessus de la foi, je ne mets que la science. Le doute, quoique réputé le commencement de la sagesse, est chose dont je fais peu de cas. La foi est une force, le doute n'en est pas une. Je désirerais vivement partager votre confiance, mais si je ne pense pas absolument comme vous, je ne pense pas absolument le contraire. Je suis le doute, je ne suis pas la négation. Ne me faites dire rien de plus que ce que j'ai dit ; j'ai dit : « La colonisation de » l'Algérie est-elle possible? — Je n'en sais rien ; je ne » voudrais pas répondre non, et je n'oserais pas ré- » pondre oui. Ce que je sais seulement, ce que je ne » crains pas d'affirmer, c'est que, si elle est possible, » elle n'a qu'un moyen, un seul de réussir, c'est par » *la liberté comme aux États-Unis.* » Convenez-en, à moins d'adopter pleinement votre opinion, il est im- possible d'en approcher de plus près ; nos moyens d'opérer sont les mêmes ; comme vous je veux la plé- nitude de la liberté ; comme moi vous voulez l'unité du pouvoir ; vous ne repoussez pas la Civilisation de l'indigène, je ne repousse pas la Colonisation du ter- ritoire ; je ne conteste à l'Algérie aucun des avantages dont elle est douée ; je ne lui conteste ni la fertilité de son sol également propre à la culture de l'orge et du coton, du blé et du tabac, de la garance et du henné ; ni l'agrément de son climat rafraîchi par les brises de mer pendant le jour, et par les brises de terre pendant la nuit ; ni l'étendue de ses 1,000 kilo- mètres de côtes d'Oran à Bône ; ni la valeur de ses 1,100,000 hectares de forêts ; ni la richesse de ses mines de cuivre et de fer ; ni la beauté de ses marbres blancs statuaires du Filfila et de ses marbres onyx trans- lucides d'Oran ; ni le nombre de ses moutons ; ni la qualité de ses chevaux ; ni l'efficacité de ses eaux thermales et minérales ; enfin, je n'excuse aucune des fautes qui ont été commises et que vous blâmez ; comment donc, adhérant ainsi l'un à l'autre, sommes- nous à l'état de deux sphères qui ne se touchent que pour s'écarter ? — Rien de plus facile à expliquer. Vous êtes à Alger, vous regardez l'Algérie ; je suis à

Paris, je regarde la France ; vous êtes le subjectif, je suis l'objectif.

La Civilisation de l'indigène est une question simple ; la Colonisation du territoire est une question complexe. On ne colonise pas sans colon, de même que, selon la locution .vulgaire, on ne fait pas de civet sans lièvre. Pour que le cultivateur français, en possession du capital suffisant, se décide à quitter la commune où il est né et à s'embarquer pour l'Algérie, suffira-t-il « qu'il soit assuré d'y trouver, sans perte de
» temps et d'argent, aussitôt après son débarquement,
» la terre qu'il y sera venu chercher et qu'il soit libre
» de la cultiver à sa manière et à son heure, en tirant
» de la chûte d'eau ou du cours d'eau situés dans son
» voisinage tout le parti qu'il sera possible d'en tirer
» sans nuire aux autres exploitations agricoles? » C'est ce que vous affirmez, c'est ce que je tiens en doute. Ni la terre, ni l'eau, ni la liberté ne manquent en Amérique ; ce qui le prouve, c'est que depuis dix ans la Grande-Bretagne a vu s'embarquer pour s'y rendre 2,750,000 émigrants, et l'Allemagne près de 1,200,000, tandis que dans la même période l'émigration française, y comprise l'émigration vers l'Algérie, n'a pas atteint le chiffre de 200,000 (1). Comment expliquez-vous que la France, qui a trente-six millions d'habitants, n'ait fourni à l'émigration que 200,000 émigrants, tandis que l'Angleterre, l'Irlande et l'Écosse qui, à elles trois, ne comptent que vingt-huit millions d'habitants (2), ont fourni à l'émigration 2,750,000 émigrants ? Ces deux chiffres, dont l'un est à l'autre

____

(1) Rapport sur l'émigration, adressé à l'Empereur des Français par le ministre de l'Intérieur. 1859.

(2) Angleterre............ 16,000,000 ⎫
    Irlande..............   9,800,000 ⎬ 28,000,000.
    Ecosse ....   2,200,000 ⎭

comme 1 est à 14, ne vous paraissent-ils pas significa-
tifs et n'en doit-on pas conclure que l'émigration est
un besoin que la France n'éprouve pas ? Pour le lui
donner, proposerez-vous d'y abolir l'égalité des par-
tages en matière de succession, d'y rétablir le droit
d'aînesse, d'y encourager l'absentéisme, ce fléau de
l'Irlande ? A quoi sert de s'abuser ? Avec moins d'argent et moins de savoir qu'il n'en faudrait en Algérie
pour y être propriétaire et y prospérer, même sous
le régime de la libre colonisation, on est fermier en
France et on y gagne assez pour subvenir à tous les
besoins de sa famille et grossir son pécule, sans être
obligé de changer ni ses habitudes ni ses liens. Soyez-
en certain, c'est là le principal et véritable écueil contre lequel ont échoué et contre lequel échoueront tous
les modes de colonisation tentés en Algérie. Mais je veux
élever plus haut la question : je veux admettre que
vous surmontiez l'obstacle que je viens de vous si-
gnaler, je veux admettre que vous réussissiez à opérer
la transmigration de France en Algérie de deux millions de cultivateurs : qu'aurez-vous fait ? L'Algérie.
j'en conviens, comptera quatre millions de bras de
plus, mais la France, convenez-en, comptera quatre
millions de bras de moins ? Qu'y aurez-vous gagné ?

Demandez aux hommes les plus avancés de l'Angleterre, demandez à John Bright et à Richard Cobden
ce qu'elle a gagné à vouloir posséder des colonies, ce
qu'elle gagne à vouloir les conserver ! Ils vous répéteront ce qu'ils ont souvent déclaré à la tribune ; ils vous
répéteront que les colonies, sans en excepter les Indes,
ont coûté à l'Angleterre plus qu'elles ne lui ont jamais
rapporté ; qu'elle aurait tout profit à les perdre ;
qu'elles ne lui ont servi qu'à vouer son nom à la malé-
diction et qu'à lui faire porter devant l'humanité la
responsabilité d'actes odieux.

Vous niez que la colonisation ait pour conséquences l'extermination, l'expulsion, l'oppression ou l'assimilation des peuplades auxquelles elle tend à se substituer, mais vous ne me citez pas un seul pays, une seule expérience qui vous donnent raison et qui me donnent tort ? Comment l'Angleterre a-t-elle opéré, comment opère-t-elle à l'égard des indigènes dans ses colonies ? Comment les Anglo-Américains ont-ils opéré, comment opèrent-ils à l'égard des indigènes sur les territoires dont l'annexion successive a porté à trente-un le nombre des États qui composent l'Union américaine ? On ne saurait, sans tomber dans une grave et profonde erreur, comparer l'Algérie où la population indigène est relativement très considérable, où elle est aguerrie, ni à l'Australie où la population indigène est nulle et idiote, ni à aucun des trente-un États de l'Union américaine d'où les tribus indiennes exterminées ou refoulées vers l'ouest ont disparu. Aux États-Unis, il n'y a plus aucun compte à tenir de la population indigène, tandis qu'il en faut tenir grand compte en Algérie. Comment en tenir compte, comment y faire coexister en paix, comment y faire vivre d'accord le vaincu et le vainqueur, le musulman et le chrétien ? Continuera-t-il ou cessera-t-il d'y avoir deux lois et deux justices, deux régimes, l'un européen, l'autre africain, et trois territoires, l'un civil, l'autre militaire et le troisième mixte ? Si la libre-colonisation, telle que vous l'avez nommée, telle que vous la comprenez, ne se développe que lentement, que faiblement; si elle est impuissante à rompre, impuissante à dénouer les liens qui attachent le cultivateur français à son département, à son arrondissement, à son canton, à sa commune, persisterez-vous à maintenir pour deux, trois, quatre, cinq cent mille colons, un cadre et un mode d'administration très compliqué, très coûteux,

exigeant un personnel nombreux, une armée de commis ne parlant pas la langue de l'immense majorité ?
Je pars d'un fait : ce fait c'est l'incontestable existence de deux millions cinq cent mille indigènes ;
vous partez d'une supposition ; cette supposition, c'est la rapide immigration d'un nombre de Français égal sinon supérieur à ce nombre d'indigènes ; ici, j'ai l'avantage sur vous du fait sur la supposition ; vous pouvez vous abuser sur votre futur contingent, je ne puis me tromper sur mon effectif constaté ; la certitude est de mon côté, elle n'est pas du vôtre.

Je n'ai pas prétendu, je ne prétends pas que la libre-colonisation trahirait vos espérances ; cela se pourrait cependant : sur quoi vous fondez-vous pour affirmer que « la civilisation des Arabes sans le dé- « veloppement de la colonisation serait une chi- » mère ? » Vous affirmez sans démontrer. Prenez garde à cette affirmation, elle est grave ; si elle était fondée, elle serait la condamnation irrévocable de l'Empire turc, du royaume d'Égypte et de la politique européenne dont les derniers actes ont été l'expédition de 1853 en Crimée et la signature, en 1856, du Traité de Paris qui, garantissant l'indépendance et l'intégrité territoriale de l'Empire ottoman, y perpétuerait l'oppression des chrétiens. En quoi la civilisation des indigènes de l'Algérie, gouvernés et administrés par un Lieutenant de l'Empereur, ce Lieutenant de l'Empereur étant le prince Napoléon dont nous reconnaissons d'accord la capacité souveraine, serait-elle une « chimère ? » En quoi serait-elle une impossibilité ? En quoi serait-elle une difficulté plus grande sans la colonisation qu'avec la colonisation ?
Tout ce que vous voudriez qu'on fît principalement pour 100,000 colons et accessoirement pour 2,500,000 indigènes, pourquoi ne le ferait-on pas principale-

ment pour les 2,500,000 indigènes, ce qui aurait accessoirement pour effet probable d'attirer de France au moins 100,000 travailleurs ? La différence entre les deux manières de procéder serait celle-ci : c'est que dans la mienne on procède à coup sûr, on n'ouvre que les routes qui sont nécessaires, on n'entretient que celles qui sont fréquentées, on ne fait de chemins de fer que s'il y a et où il y a déjà un trafic suffisant; tandis que dans la vôtre on procède en vue d'une population problématique ; or, si elle n'accourait point, à quoi serviraient des routes où l'on ne passerait pas, soit qu'on les abandonnât, soit qu'on les entretînt ; à quoi serviraient des chemins de fer dont la rouille rongerait les rails ou dont les trains marcheraient à vide? Vous proposez d'atteler la charrue devant les bœufs, je propose d'atteler les bœufs devant la charrue : de ces deux façons d'opérer, laquelle jusqu'à ce jour a passé pour la plus pratique ?

Si en attelant les bœufs devant la charrue je réussis à tracer et à creuser le sillon, c'est-à-dire si j'apprends à l'Indigène à mieux cultiver la terre qui sera sa propriété individuelle et qui ne sera plus sa propriété indivise ; à porter son blé au moulin pour l'y faire moudre ; à vendre la laine de ses moutons pour se procurer des habits à meilleur marché que s'il les avait fait tisser par ses femmes ; à placer l'argent qu'il aura gagné autrement qu'en l'enfouissant en terre où il ne pousse pas; à faire enfin tout ce que ferait le colon, qu'est-ce qui empêchera l'Européen, s'il y trouve avantage, de venir commercer avec l'Indigène, de venir lui acheter son blé, son orge, son huile, sa laine, ses moutons, et, en retour, de venir lui vendre des lainages. des cotonnades, des parures pour ses femmes, des instruments de travail, enfin tout ce dont l'Indigène acquèrera successivement le besoin ; qu'est-ce qui empêchera l'Européen de venir en Algérie, si rien ne l'y gêne, en exploiter les mines, les carrières et les forêts, et, s'il s'y plait, de s'y fixer ? La Civilisation de l'Indigène n'exclue en rien la Colonisation du territoire, si celle-ci est possible. La colonisation reste pleinement libre. Mon système autant que le vôtre admet la liberté ; seulement elle vous est absolument nécessaire, tandis qu'elle ne me l'est pas au même degré. C'est là le côté pratique par lequel se recommande particulièrement la proposition que je soutiens et que vous avez qualifiée de « chimère ». Vous conviendrez qu'il se peut que vos efforts ne soient pas plus heureux dans l'avenir qu'ils ne l'ont été dans le passé ! Voilà longtemps déjà que vous plaidez sans succès la cause de la libre-colonisation ! Si vous continuiez longtemps à prêcher dans le désert sans y trouver d'autre voix qui vous réponde que celle du Ministère public, vous assignant en police correctionnelle et vous y faisant condamner pour contravention sur contravention, pour diffamation sur diffamation, je vous demande ce que deviendrait la colonisation sans la liberté, quelles racines elle pousserait en Algérie, quel essor elle y prendrait ? Or, ce qui n'est nullement improbable, c'est que l'Algérie, grâce à la garantie d'intérêt de la France, ait assez prochainement des chemins de fer, même à deux voies, l'une exécutée l'autre préparée, et que l'Algérie n'ait pas la liberté que vous revendiquez pour elle et que je lui souhaite, mais sans grand espoir qu'elle lui soit donnée. Avez-vous prévu ce double cas ? S'il se réalise, qu'arrivera-t-il ? j'ai voyagé en Italie sur des chemins de fer où la somme payée par le voyageur transporté n'aurait pas suffi pour acheter le charbon brûlé. Certes, les chemins de fer sont un puissant levier, mais encore faut-il qu'ils aient un point d'appui. Ils peuvent développer rapidement le germe de la circulation, mais encore faut-il que ce germe existe. L'Égypte possède un chemin de fer de 300 kilomètres d'Alexandrie à Suez : que transporte-t-il ? que produit-il ?

Vous avez raison de demander la liberté pour l'Algérie ; je la demande avec vous, je l'ai demandée avant vous ; je la demande partout et en tout, pour tous et contre tous ; il n'y a qu'elle en Algérie aussi bien qu'en Vénétie, en Irlande aussi bien qu'en Hongrie, en Pologne aussi bien qu'en Turquie, qui puisse réconcilier le vainqueur avec le vaincu ! Tant pis pour le vainqueur si la liberté le change en vaincu, ce n'est pas moi qui le plaindrai ; il aura le sort qu'il a mérité ! Mais vous avez tort de croire que la liberté suffise pour faire affluer en Algérie les cultivateurs et les industriels français. La colonisation n'est pas chose si simple que vous vous plaisez à l'imaginer. Ce qui le prouve, c'est la masse d'écrits qui, depuis vingt ans, ont été publiés sur la colonisation de l'Algérie par des hommes appartenant aux opinions les plus divergentes, les uns personnifiant le régime militaire, les autres le régime civil, ceux-là s'appelant le maréchal Bugeaud, le général de La Moricière, le général Bedeau, le général L'Étang, le général de Bourjolly, etc., etc. ; ceux-ci se nommant Alexis de Tocqueville, Gustave de Beaumont, Dufaure, Bignon, Henri Didier, Langlais, Leblanc de Prébois, Carette, Auguste Warnier, Enfantin, Buret, Jules Duval, Hippolyte Peut, etc., etc. Je ne crois pas que les *camps agricoles*, proposés en 1847 par le maréchal Bugeaud, presqu'aussitôt abandonnés qu'admis en projet par le ministère que présidait à cette époque M. Guizot, eussent répondu à l'attente de leur auteur ; je ne crois pas que son mode de recrutement conjugal et son système d'accouplement des colons militaires deux par deux eussent suffi pour

coloniser l'Algérie; quoique neuf mille sous-officiers et
soldats, présentant un avoir de près de quatre millions
de francs, se soient empressés de répondre à son premier appel; non, pas plus que vous, je n'accepte le « *soldat laboureur* » du maréchal Bugeaud comme une solution du problème de la colonisation; mais je pense n'être
que juste en reconnaissant qu'il se trouve dans son
écrit publié en 1847 et intitulé : DE LA COLONISATION EN
ALGÉRIE, plus d'une observation judicieuse, plus d'une
vérité utile. Dans ce nombre je range naturellement
celles-ci qui viennent à l'appui de ma proposition :

« Si nous n'avions pas la prétention d'introduire un
» peuple nouveau au sein du peuple arabe, la ques-
» tion serait grandement simplifiée : les vaincus se ré-
» signeraient bien plus vite à une domination simple qui
» leur laisserait leurs lois, leurs mœurs et la jouis-
» sance agricole de tout le pays. Mais la colonisation
» européenne vient bouleverser tous leurs intérêts,
» toutes leurs coutumes, comme elle attaque toutes
» leurs passions, tous leurs préjugés. On n'accepte
» pas facilement une telle révolution, et l'on saisit tou-
» tes les occasions de briser le joug. Que l'on songe
» bien que les Arabes, resserrés sur le sol par la colo-
» nisation européenne, vont être obligés de changer
» toutes leurs habitudes de culture. Ils étaient plus
» pasteurs qu'agricoles ; ils seront forcés de devenir
» exclusivement agricoles. Ils avaient de nombreux
» troupeaux de chameaux, de juments, de vaches, de
» moutons ; les chameaux disparaîtront, les moutons
» seront réduits au centième, les vaches, les bœufs
» et les juments au quarantième ou au cinquantième.
» *Les Douars* changeaient de place suivant les saisons:
» en hiver, ils s'établissaient dans les plaines et les
» vallées profondes; en été, ils s'élevaient graduelle-
» ment sur les coteaux et sur les montagnes, pour

» chercher un air plus pur, des eaux plus salubres;
» ils seront forcés de rester toujours sur les carrés où
» on les aura parqués. Comment un changement aussi
» radical de situation n'exciterait-il pas souvent à la
» révolte ? »

« Quand on a la prétention de dominer, de modifier, de
» civiliser un peuple aussi guerrier que le peuple arabe;
» quand on veut introduire dans le sein de ce peuple
» un peuple nouveau qui s'empare des localités et des
» terres les mieux situées et les plus riches, il serait
» bien imprudent, bien insensé, de poser devant lui,
» en première ligne, une population débile comme
» celle qui a été introduite jusqu'ici. Pour dominer,
» modifier et civiliser, il faut que nous soyons plus
» forts, plus moraux, mieux constitués et plus habiles
» que les indigènes. Quiconque les a vus de près,
» reconnaîtra qu'ils sont supérieurs en force physique
» et en organisation pour la guerre, à la masse de la
» population française. »

« Le peuple arabe, par sa constitution sociale et ses
» habitudes guerrières, ne peut être comparé, pour la
» force militante, aux nations européennes. Chez
» celles-ci, les masses sont entièrement étrangères
» au maniement des armes : leurs habitudes casaniè-
» res, les grands travaux industriels les en éloignent.
» Pour avoir une armée, il leur faut une loi et une lon-
» gue préparation des hommes qui sont appelés au ser-
» vice militaire. Chez les Arabes, au contraire, tout
» est guerrier, tout marche à la guerre sainte, depuis
» l'enfant de quinze ans jusqu'au vieillard de quatre-
» vingts. Chaque tribu est un camp, dont tous les
» hommes sont toujours prêts à combattre, pendant
» que les familles sont toujours préparées à s'éloi-
» gner du danger, emmenant leurs troupeaux, et em-
» portant leur mobilier sur des bêtes de somme,

» qu'elles ont en nombre suffisant pour ce service
» prévu. »

« Dans les environs de Bône, où l'on a joui dès le
» principe de beaucoup de sécurité, on n'a pas songé
» du tout à coloniser. Les propriétaires européens se
» sont bornés à faire cultiver par les Arabes les terres
» qu'ils avaient achetées. Et nous convenons que cela
» était beaucoup plus avantageux que de faire culti-
» ver par des mains européennes, qui coûtent plus
» directement par le salaire journalier, et indirecte-
» ment par les constructions qu'il faut faire pour loger
» les travailleurs. Avec l'Arabe, au contraire, on n'a au-
» cun déboursé à faire, aucune installation à créer. On
» se borne à lui livrer la terre et la semence. Il se paye
» avec une partie des produits, qui est très inférieure
» à celle qui est prélevée en Europe par le métayer.
» Les propriétaires un peu intelligents ont très bien
» vu que s'ils faisaient cultiver par des ouvriers d'Eu-
» rope, ils ne pourraient manquer de se ruiner, car le
» produit ne couvrirait jamais la dépense (1). Mais dès
» que les hostilités de 1839 eurent éclaté, on se pas-
» sionna avec force pour la colonisation. Il fallait, di-
» sait-on, la faire marcher de front avec la guerre,
» qui n'était qu'un moyen et non pas un but. La guerre
» n'est pas le but, cela est vrai, mais comme il était
» impossible de faire la colonisation sur une échelle
» de quelqu'importance avant d'avoir soumis les Ara-
» bes autour de nous, la guerre devenait la première
» et la plus importante question à résoudre, puisque
» c'était de cela que dépendait la solution de toutes les
» autres. Cette ardeur pour la colonisation qui avait

(1) C'est ainsi, en effet, qu'a opéré la colonie suisse de Sétif, et
c'est même là le reproche que lui a adressé, en 1859, le Conseil
supérieur de l'Algérie devant lequel elle s'était pourvue.

E. de G.

» dormi en temps de paix, et qui se réveillait en temps
» de guerre, était chez la plupart des esprits fort mal
» éclairée. On faisait abstraction complète du peuple
» arabe et des difficultés qu'allaient nous opposer ses
» habitudes guerrières, ses droits sur le sol, résultant
» de titres écrits ou de longue possession. On rai-
» sonnait comme si le sol eût été vide et entièrement
» à notre disposition.

» Il n'y a rien de plus difficile que de fonder la pros-
» périté d'une société agricole sur une terre, même
» bonne de sa nature, quand il faut tout créer. Que de
» siècles il a fallu pour que les villages de France ar-
» rivassent au point où nous les voyons !

» La colonisation est une chose lente par essence,
» parce qu'elle se fonde sur la prospérité agricole, et
» qu'il faut des travaux assidus, persévérants pendant
» bon nombre d'années, pour qu'une famille de culti-
» vateurs puisse trouver un peu d'aisance sur la terre
» qu'elle cultive, surtout quand elle est obligée d'em-
» ployer la première année et tout son petit pécule
» pour construire une maison et quelques bâtiments
» d'exploitation.

» Comment introduira-t-on sur le sol la famille de
» manière à ce qu'elle puisse vivre d'abord et pros-
» pérer ensuite ? Comment cette nouvelle société se
» maintiendra-t-elle vis-à-vis des Arabes, si belli-
» queux, si bien préparés pour la guerre dès leur plus
» tendre enfance ? Quelle constitution sociale faut-il
» lui donner, non-seulement pour qu'elle puisse ré-
» sister à ses terribles voisins, qu'il faudra spolier à
» son profit, mais encore pour qu'elle puisse jouer un
» jour le rôle de dominateur ?

» Le peuple arabe est essentiellement guerrier et
» très discipliné... Est-il logique de placer devant lui
» comme peuple dominateur une réunion d'hommes

» pris au hasard chez toutes les nations, sans disci-
» pline, sans organisation, et partant sans aucune
» force d'ensemble ? ».

Il se peut que vous n'éprouviez pas le même embar-
ras que moi pour répondre à ces questions qui, quoique vieilles de douze ans, n'ont pas cessé d'être gra-
ves. C'est alors un soin que je vous laisse et qui vous
appartient, car c'est vous, dans ce débat, qui repré-
sentez la Colonisation du territoire ; moi, je ne représente ici que la Civilisation de l'indigène, en faveur
de laquelle, s'il en était besoin, j'invoquerais le témoignage suivant du général Bedeau :

« L'introduction de la population européenne pré-
» sente des obstacles de plus d'un genre. Il faut tout
» d'abord, lui offrir d'assez grands avantages pour
» décider son émigration ; il faut aussi qu'elle puisse
» jouir de ces avantages sans que ce profit pour elle
» détermine dans les tribus un esprit d'hostilité qui,
» conduisant à une guerre partielle et peut-être à un
» soulèvement général, exigerait de l'État de nou-
» veaux sacrifices, sans lui donner l'avantage certain
» d'une population européenne croissante ; car, ainsi
» qu'on l'a dit, avec raison je crois, la sécurité est la
» première condition de l'émigration européenne.

» Divers systèmes ont été produits au sujet de l'in-
» troduction des Européens. Beaucoup de personnes
» ont pensé que c'était une idée chimérique de vou-
» loir conserver la population indigène sur les terri-
» toires où les Européens seraient admis à s'établir.
» On a prétendu trouver dans l'histoire du peuple
» arabe la preuve de son imperméabilité ; on a dit
» qu'il repoussait nos arts, qu'il méprisait notre bien-
» être social. Des hommes qui ont vécu avec ce peu-
» ple depuis cinq années ont écrit qu'il nous serait
» toujours systématiquement hostile ; que les pré-

» ceptés mêmes de sa croyance religieuse le ren-
» daient incapable d'associer ses intérêts aux nôtres ;
» que son abaissement moral exigeait une domination
» violente prolongée, l'anéantissement de toutes les
» influences auxquelles il obéit, l'asservissement de
» sa pensée, avant qu'on pût espérer faire accepter
» le germe de notre civilisation progressive.

» J'ai le bonheur de ne partager aucunement ces
» opinions attristantes. Je ne crois pas à l'imperméa-
» bilité du peuple arabe, à sa haine pour nos arts et
» notre bien-être social, parce que je trouve dans son
» histoire même, dans les traces si nombreuses de ses
» arts importés et appliqués en Europe, la cause de ma
» conviction ; parce que, s'il s'est montré différent dans
» certaines parties de l'Afrique, c'est qu'il a toujours
» vécu au milieu des révolutions, dans l'état de vio-
» lence et d'anarchie, et, quand il était dominé, dans
» l'état d'exploitation, qui tous sont incompatibles
» avec la fixité et le développement de l'intérêt social.
» Je ne crois pas qu'il soit insensible aux influences
» qui, partout et toujours, ont pénétré l'homme.

» Quel est le commandant français en Algérie qui
» n'a pas à citer de nombreux exemples de recon-
» naissance pour le bien qu'il lui a été donné de faire
» aux indigènes? Combien de chefs ne se sont pas fait
» tuer déjà pour soutenir notre cause? combien d'au-
» tres ne nous ont pas donné l'éveil sur des trahisons
» qui se préparaient? combien de fois, enfin, n'avons-
» nous pas entendu des populations entières nous re-
» mercier de la paix qui assurait leur bien-être ? com-
» bien de fois ne les avons-nous pas vues, quand cette
» paix était menacée, nous donner un concours effi-
» cace pour repousser le dommage et maintenir le
» bienfait?

» Non, ceux qui ont fait le bien aux indigènes, qui

» l'ont fait avec sincérité, persistance et intelligente
» habileté, n'ont pas eu à se plaindre de l'ingratitude
» de ce peuple, s'ils ont voulu tenir compte de tous
» les détails qui ont composé, dans les différents
» lieux, entre les différents hommes, les relations
» réciproques ; s'ils ont su ménager les usages, les
» mœurs, la religion, et surtout l'amour-propre, vive-
» ment excitable chez tous, et chez les Arabes en
» particulier.

» Mais il faut un bien grand empire sur soi-même,
» il faut une bien ferme volonté, une étude bien atten-
» tive, pour être certain, tout en exerçant le com-
» mandement, la domination sur un peuple, de mo-
» dérer, dans les actions de détail, le froissement
» primitif que la puissance étrangère apporte avec
» elle partout où elle s'établit. J'affirmerais malheu-
» reusement qu'une des causes de ces hostilités qui
» se manifestent trop souvent entre les Européens et
» les indigènes tient au défaut de cette prévoyance
» de la part du peuple dominateur, et j'en conclurais
» que l'autorité doit toujours en recommander, exiger
» et surveiller la pratique.

» Notre tâche en Afrique présente cette singularité
» toute particulière dans l'histoire des conquêtes, c'est
» qu'en réalité notre intérêt bien entendu, notre in-
» térêt égoïste, si je puis dire, nous oblige à *civiliser*
» *la population indigène.* »

Je pourrais multiplier les citations, l'espace nécessairement restreint d'un journal m'oblige de les borner
là ; peut-être même les trouverez-vous trop longues.
Elles peuvent paraître telles, mais je ne crois pas
qu'elles paraissent inutiles.

Vous convenez que « la Nationalité est sacrifiée en
» Algérie. » mais vous ajoutez que c'est du fait de la
conquête et non du fait de la colonisation. Vous me

permettrez sur ce point de n'être pas de votre avis et d'être plutôt de celui du maréchal Bugeaud. Effectivement, si la France victorieuse et souveraine se fût bornée à gouverner les indigènes, à leur donner un vice-roi, un sultan français, sans vouloir absolument introduire parmi eux, à côté d'eux, au-dessus d'eux, une population européenne, il y a lieu de penser que le fait, réduit ainsi à sa plus grande simplicité, se fût accompli sans résistances et sans complications, sans difficultés et peut-être sans sacrifices ! Que de sang versé n'eût pas été répandu ! Que de millions dépensés eussent été épargnés ! Que de ruines ne se fussent pas consommées ! Que de déceptions ne se fussent pas accumulées l'une sur l'autre ! Que de fautes n'eussent pas été commises ! Que d'inextricables questions ne fussent pas nées ! Que de malheureux essais n'eussent pas été tentés ! Même dans la discussion, on n'est fort qu'à la condition d'être juste ; vous ne l'êtes pas envers la conquête. Son œuvre était de conquérir, son œuvre n'était pas de coloniser ; elle a accompli son œuvre ; elle a conquis. On lui a demandé plus qu'il n'était dans son pouvoir de faire ; on lui a demandé trop ; peut-être même lui a-t-on demandé l'impossible.

Vous me dites que le roi Othon n'a pas à côté de lui une armée étrangère, soldée par l'étranger ; cela est vrai, mais aussi la Grèce a été délivrée et n'a pas été conquise ; c'est là une différence dont il y avait d'autant plus lieu de me tenir compte que, dans votre système, opposé au mien, celui de la Colonisation du territoire au lieu de la Civilisation de l'indigène, vous ne vous passez point d'une armée étrangère, soldée par l'étranger. En tout cas, mon système s'en passerait plus aisément et plus vite que le vôtre. Il ne serait pas difficile de former un corps de spahis qui suffît à garantir la personne du Lieutenant de l'Empereur, à assurer la perception de l'impôt, et à maintenir la paix entre les indigènes (1). Ce serait un essai qu'il n'entre pas dans mon cadre de conseiller de tenter ; je ne l'indique ici en passant que pour répondre à une objection que je ne pouvais me dispenser de relever.

Vous n'admettez pas que le but de la colonisation doive être de se substituer aux peuplades vaincues. C'est cependant ce qui a eu lieu partout où la colonisation a pris racine. En Algerie, ajoutez-vous, l'espace est assez grand pour qu'il soit fait place à la colonisation sans gêner la population indigène, et qu'il soit fait, sans résistance armée, deux parts de la propriété : l'une remise par lots aux divers membres de la tribu, l'autre vendue aux acquéreurs qui se présenteront. Je vous crois, mais j'en serais plus sûr encore après que ce partage des terres tel que vous l'indiquez aurait été pacifiquement consommé. Vous proposez de vendre la terre aux colons ; je serais plus large que vous, je proposerais de la leur donner, et effectivement je la donnerais à qui s'engagerait de payer l'impôt, pendant tout le temps qu'il le payerait. L'impôt sur la terre est à la vente de la terre ce que la rente est

(1) « Nous pouvons avoir confiance dans les Musulmans comme dans nos propres soldats, s'ils sont bien conduits, bien dirigés et surtout bien organisés. A la bataille d'Erzeroum, les Musulmans à la solde de la Russie décidèrent la victoire du maréchal Paskewitch contre d'autres Musulmans.

» Les gendarmes maures ont servi dans ma division en 1840. Leur commandant immédiat, M. d'Allonville, avait en eux une confiance que je partageais. Organisés par le maréchal Vallée, leur formation était bien conçue, et malgré les excitations d'Abd-el-Kader, pendant la guerre sainte, en 1839, ils servirent avec une loyauté et une fidélité inébranlables.

» On peut se fier aux indigènes, avec une bonne organisation il n'y a rien à craindre de leur fidélité. »

Général DE RUMIGNY. 1850.

au capital. Il est toujours plus facile de servir une rente perpétuelle que de payer un capital exigible soit comptant, soit à terme. Si je croyais à la colonisation, je considérerais comme une faute de diminuer de si peu que ce fût le capital disponible du colon. L'État ne vit pas de capital, il vit d'impôt; ce qui lui importe donc, c'est que l'impôt, équitablement assis, soit exactement payé. S'il est un pays où l'impôt unique soit facile à établir, assurément c'est en Algérie, puisqu'il suffirait de l'y asseoir sur la terre possédée. Toute terre possédée devrait l'impôt fixé; toute terre qui, à l'expiration du terme accordé, n'aurait pas exactement payé l'impôt échu, cesserait d'être possédée, c'est-à-dire qu'elle redeviendrait libre et que l'État aurait le droit d'en disposer. Toute terre imposée devrait être possédée divisément. L'*hohkor* (loyer de la terre), étendu aux habitations, gourbis et tentes, serait le seul impôt, impôt de quotité et non de répartition, que je conserverais sans distinction entre Indigènes et Européens. Je supprimerais l'*achour* (droit du dixième sur la récolte), le *zekkat* (droit sur le bétail de 1 0/0 sur chèvres et moutons et de 1/30 sur bœuf et vaches), la *lezma* (contribution fixe supportée par les tribus non encore soumises à un recensement régulier); je supprimerais toutes les autres contributions directes ainsi que toutes les taxes de consommation sous quelque nom et sous quelque forme qu'elles existassent, y compris les *touizas* et corvées, afin que la perception fût à la fois la plus simple et la moins onéreuse possible, afin surtout qu'elle ne se prêtât, sous aucun prétexte, ni à l'arbitraire ni à l'exaction (1). Qu'il me suffise d'indiquer sommairement ici le but et le moyen; s'il y a lieu,

(1) Les chefs arabes prélèvent le dixième de l'impôt arabe perçu.

j'y reviendrai plus amplement, et je prouverai que, si la Colonisation du territoire est possible, elle ne le sera que par l'adoption de l'unité d'impôt, impliquant la suppression de tout ce qui ressemblerait de près ou de loin à la douane et à l'octroi, car s'il y avait une chance pour qu'un certain nombre de Français et même d'Anglais quittassent la France et l'Angleterre pour aller se fixer en Algérie, ce serait qu'ils y fussent attirés par la vie à bon marché (1), cette ombre fugitive que tant de familles poursuivent, ne sachant plus comment maintenir en équilibre leurs dépenses avec leurs recettes, suffire à leurs charges et élever leurs enfants !

Tout ce que vous dites en faveur des Arabes dans votre quatrième paragraphe, est d'accord avec ce que je pense : je n'ai donc point à y répondre. Je suis avec vous pour la propriété privative contre la propriété collective. Qui prétendrait contre nous qu'il y a incompatibilité entre la propriété privative et l'Arabe, prouverait seulement qu'il ignore qu'elle a existé et qu'elle existe, à l'état d'exception, il est vrai, mais cela suffit pour que l'exception y devienne la règle. La propriété privative se nomme *melk* ; la propriété collective se nomme *arche* Il n'y aurait qu'à *melkiser* la propriété indivise, aux termes de l'article 815 du Code civil français, converti en loi fondamentale de l'Algérie.

Vous me demandez, en terminant, d'entrer dans de plus grands détails sur deux points : premièrement

(1) L'Arabe ne consomme par tête que le dixième environ de ce que consomme l'Européen.

L'impôt par tête payé par l'Arabe, en Algérie, est de 6 francs 40 centimes.

L'impôt par tête payé par l'Européen, en Algérie, est de 44 fr.

Tous les impôts qui existent en France ont été transportés en Algérie, sans même en excepter la taxe des chiens !

sur la manière dont je m'y prendrais pour arriver à l'individualisation de la propriété indivise; deuxièmement sur la manière dont je m'y prendrais, avec la législation civile française, pour dénouer ce triple nœud : polygamie , indissolubilité du lien conjugal, divorce.

Sur le premier point je vous ai répondu : ce serait par l'unité de l'impôt que j'arriverais à l'individualisation de la propriété.

Sur le second point, je vous réponds que ce serait en usant des pouvoirs conférés au Lieutenant de l'Empereur, par l'article 5 du sénatus-consulte que j'avais ébauché en juin 1858, et que vous avez reproduit.

L'intervention du maire entre l'homme et la femme qui se marient est-elle donc absolument nécessaire ? Ne suffirait-il donc point du prêtre pour la bénédiction du mariage et du notaire pour la rédaction du contrat ? De quoi l'Etat se mêle-t-il ? De quelle responsabilité se charge-t-il ? Le mariage doit être libre. C'est un acte de la foi, ce n'est pas un acte de la loi. Longtemps, très longtemps et universellement, le lien conjugal n'a été qu'un lien religieux ; en France, ce n'est que depuis 1789 qu'il y est devenu principalement un lien civil. La Révolution de 1789 n'était pas infaillible ; elle l'a prouvé ; elle a donc pu se tromper, et mon avis est qu'elle s'est gravement trompée sur ce point. Le catholique peut divorcer en Belgique ; il ne peut pas divorcer en France : pourquoi? Le protestant peut divorcer en Angleterre, en Allemagne, en Suisse ; il ne peut pas divorcer en France : pourquoi? Le musulman, sujet de la France en Algérie, peut avoir légalement plusieurs femmes ; le Français habitant l'Algérie, qui y aurait épousé deux femmes, y encourrait, aux termes de l'article 340 du Code pénal, la peine des travaux forcés : pourquoi? Plusieurs fois vous avez insisté sur la né-

cessité de faciliter en Algérie la naturalisation des Indigènes à la condition qu'ils « acceptassent purement
et simplement le Code civil français. » Vous êtes-vous
jamais demandé si l'avantage que les Indigènes acquerraient par la naturalisation qui les ferait tomber sous
le coup de la loi du recrutement militaire, équivaudrait
pour eux à la perte de la liberté d'avoir plusieurs femmes et de répudier celles qu'ils se repentent d'avoir
prises ? (1).

Dans une colonie, qu'est-ce qui importe ? Ce qui
importe, c'est l'accroissement le plus rapide possible
de sa population pour arriver le plus vite possible à
l'assainissement et à la mise en pleine culture du sol.
S'il en est ainsi, pourquoi élever comme à plaisir des
obstacles sociaux ? N'est-ce donc pas assez déjà des
obstacles naturels qu'il faut aplanir ? Une colonie où
tout est à faire ne saurait se gouverner comme un état
où tout est fait. Je suis pour l'*Algérie française*, je ne
suis pas pour la *France algérienne*. Si l'Algérie avait
son budget spécial, pourquoi n'aurait-elle pas aussi son
code spécial ? Et si l'expérience y prouvait que l'État
a tout à gagner à ne pas intervenir dans un acte où il
n'a que faire, serait-il donc impossible que la France,
revenant de sa méprise, renonçât plus tard à imposer
la présence du maire là où suffiraient pleinement le
notaire et le prêtre ? Plus l'Individu est libre, moins
l'État est responsable ; moins l'État est responsable et
plus le risque de révolution est improbable. C'est ce
qu'il est impossible qu'un jour ou l'autre l'État ne comprenne pas ! Ce que je viens de dire très sommairement pour la liberté de se marier, je le dis également
pour la liberté de tester. De quoi l'État se mêle-t-il ?

(1) VILLE D'ALGER. *Musulmans* : Mariages, 340. Divorces, 252.
(Année 1858.)

Ackbar, 17 février 1859.

De quelle responsabilité se charge-t-il ? Le père qui est libre de dissiper sa fortune, doit demeurer libre d'en disposer.

Vous le voyez : autant que vous, plus que vous, peut-être, je veux la liberté, toute la liberté, rien que la liberté ; conséquemment, ma proposition, eût-elle plus de chances d'être admise que la vôtre, fût-elle reconnue plus pratique, c'est-à-dire plus conforme à la nature des choses, ne ferait pas obstacle à la Colonisation ; elle n'empêcherait pas l'Européen, s'il y trouvait profit, d'aller en Algérie, y exploiter les mines, y construire des usines, y faire des barrages, y entreprendre enfin tous les travaux utiles que l'Indigène ne serait pas encore en état d'y exécuter par lui seul, faute de l'expérience et de la science nécessaires. L'Européen irait en Algérie, comme il va en Égypte percer l'isthme de Suez, comme il y est allé exécuter le chemin de fer d'Alexandrie et tous les autres grands travaux d'utilité publique. Je puis donc retourner le titre que vous avez mis en tête de votre réponse, et au lieu de ces mots :

La Libre-Colonisation, c'est la Civilisation,

mettre à la fin de ma réplique ceux-ci :

La Civilisation, c'est la Libre-Colonisation.

ÉMILE DE GIRARDIN.

II

Nous semblons bien près d'être du même avis, notre point de départ est le même, et cependant il serait peu rationnel de dissimuler que nous sommes en désaccord sur plusieurs points essentiels.

Nous voulons tous deux la civilisation des Arabes, mais je veux de plus que vous la colonisation de l'Algérie ; je crois que la colonisation de l'Algérie est le seul moyen d'arriver promptement et sûrement à la civilisation des indigènes : vous ne dites pas précisément le contraire ; mais vous êtes bien près de croire que la colonisation est une œuvre impossible, et dans tous les cas vous la croyez plutôt nuisible qu'utile à la civilisation des vaincus ; il suffit à votre sens, pour transformer la nation arabe, que l'on place à sa tête un *sultan français.*

Je conviens que la solution présentée par vous est bonne, mais je la trouve incomplète. Certes, un jeune prince, un Bonaparte, parcourant l'Algérie avec une suite nombreuse, produirait sur l'esprit des Arabes une impression profonde. Ces natures à demi-sauvages pour lesquelles le Bonaparte égyptien est en quelque sorte un personnage légendaire, ces hommes de l'Orient qui ne comprennent et ne respectent le pouvoir qu'entouré de pompe et de magnificence, seraient vivement émus par la présence d'un sultan français. Je crois aussi qu'ils apprendraient bientôt à aimer celui qu'ils auraient d'abord vénéré, lorsqu'ils verraient que pouvoir n'est pas synonyme d'oppression, lorsqu'ils sauraient qu'on peut être aussi magnifique qu'un pacha sans être pillard comme un Turc. Voilà le côté qui m'a saisi dans la solution que vous présentez, parce que j'ai longtemps vécu avec les Arabes et que je crois les connaître, et vous voyez que je n'hésite pas à constater ce que votre idée a de juste et de pratique.

Mais je ne m'illusionne point cependant, et si je considère la seule présence d'un prince en Algérie comme un élément de civilisation, je ne saurais admettre que cela suffise pour arriver promptement, sûrement au but que nous poursuivons tous deux, et je maintiens que la civilisation des Arabes n'est possible que par la colonisation de l'Algérie. Vous me demandez de le démontrer : je vais essayer de le faire.

Et d'abord permettez-moi de vous faire remarquer, puisque vous persistez à invoquer contre la colonisation tout ce qui s'est fait, tout ce qui s'est imprimé en Algérie, permettez-moi de faire remarquer que tout cela semble précisément vous donner tort.

Vous admettez avec moi que les résultats obtenus en Algérie sont à peu près nuls ; que l'administration des indigènes est mauvaise ; que, sauf la conquête matérielle, on n'a à peu près rien fait. Eh bien ! depuis la conquête, tous les administrateurs qui se sont succédés en Algérie ont partagé votre manière de voir ; tous ont été convaincus que la colonisation était de nature à entraver la civilisation ; tous ont été convaincus que l'introduction des Européens dans les tribus devait mécontenter les indigènes ; qu'il fallait respecter, non-seulement la religion des Arabes, mais aussi leurs habitudes et jusqu'à leurs préjugés. Doutez-vous que cette idée ait dominé constamment dans l'esprit des administrateurs algériens ? Relisez les ouvrages ou les rapports de MM. Bugeaud, La Moricière, Bedeau, que vous me citez, et vous verrez que telle a été leur pensée ?

Or, je vous le demande, à quoi ont abouti leurs doctrines et quels résultats en a-t-on obtenu ? Vous ne pouvez invoquer contre la colonisation ce qui s'est fait en Algérie, car la colonisation libre n'y a jamais été essayée et, de votre aveu, c'est la seule possible ; je puis invoquer, moi, et j'invoque contre la civilisation sans la colonisation ce qui s'est fait en Algérie depuis trente ans, parce que dans toute l'étendue du territoire arabe on n'a point essayé autre chose. Je vous le répète, quels en ont été les résultats ?

Le maintien de la féodalité indigène, qui, sous notre nom, pille et opprime comme elle pillait et opprimait au nom des Turcs ; le maintien de la tribu avec la propriété indivise ; le maintien de la polygamie et de ses conséquences ; tels ont été, en résumé, les résultats qu'on a obtenus en voulant civiliser les indigènes sans le concours de la colonisation.

Vous pensez mieux faire que les administrateurs algériens, tout en partageant leurs idées fondamentales ; mais convenez du moins qu'ils ont été logiques dans l'application. S'il est vrai que l'introduction des Européens dans les tribus doive y amener le trouble, n'était-il pas raisonnable de les en bannir ; s'il est exact que la colonisation soit un obstacle à la civilisation, n'était-il pas rationnel de faire en quelque sorte la part du feu, c'est-à-dire des préjugés colonistes, et de restreindre la colonisation dans d'étroites limites. Certes, s'il fallait juger l'arbre à ses fruits, votre système serait dès à présent condamné ; mais cette épreuve ne me suffit pas, et pour vous juger complètement, je vous suppose à l'œuvre.

Le Lieutenant de l'Empereur, le vice-roi, n'administrera pas directement les douze cents tribus qui sont éparpillées sur une superficie de quarante ou cinquante millions d'hectares ; il le pourra d'autant moins que les territoires ne sont reliés entre eux par aucune route et que vous ne voulez pas de chemins de fer. Le vice-roi aura donc des agents et des agents nombreux.

Seront-ils Français?

Seront-ils indigènes?

Si les agents sont français, je vois tout un état-major d'administrateurs français, chrétiens, et je me demande pourquoi vous m'opposez la haine qui sépare, d'après vous, le vaincu du vainqueur; je vois des caïds français isolés les uns des autres, grâce à l'état des routes, et je me demande quelle sera leur force si, comme vous le croyez, la résistance latente n'a point cessé.

Si les agents sont arabes, vous perpétuez la situation actuelle, car vous n'empêcherez jamais les chefs indigènes de piller leurs administrés; vous ne les ferez pas renoncer à leurs habitudes traditionnelles d'exactions et d'oppression ; vous ne ferez pas que les chefs arabes ne soient les ennemis déclarés de toute réforme.

Vous parlez de constituer la propriété sur de nouvelles bases : compterez-vous, pour y arriver, sur le concours des chefs arabes qui sont investis aujourd'hui du pouvoir de partager le sol entre leurs administrés, et qui le font comme vous pouvez penser?

Vous parlez de changer la base de l'impôt, de régulariser sa perception : comptez-vous, pour y parvenir, sur le concours des chefs qui vivent du désordre des finances?

Croyez-le bien, vous ne ferez que vous enfoncer plus avant dans ce cercle vicieux dans lequel nos administrateurs ont enfermé la question algérienne.

Moi, tout au contraire, je sors du cercle vicieux, comme vous allez voir.

Je dis : Depuis le jour où le drapeau français a flotté sur les murs d'Alger, il n'y a plus de peuple arabe, il y a des hommes qui parlent une autre langue que la nôtre et qui vivent autrement que nous. La nationalité arabe ayant succombé sous le poids de son impuissance, ainsi que le prouve la domination turque, ayant légalement été tuée par la conquête, je m'efforce d'en détruire les dernières manifestations, qui, impuissantes à rien constituer, ne peuvent avoir d'autre effet que de perpétuer l'hostilité latente contre notre civilisation.

Ce principe posé, je cherche dans la constitution de la société arabe les institutions qui peuvent les éloigner de nous et rendre possible la résistance.

Le premier obstacle que je rencontre c'est la division des Arabes en tribus, qui, n'étant point attachées au sol, n'ont à sauvegarder, à l'instant de la révolte, que des valeurs mobilières faciles à cacher.

Le second obstacle, c'est la féodalité arabe, qui nous est hostile parce que notre surveillance la gêne dans ses exactions.

Le troisième obstacle. c'est l'impossibilité de circuler librement et en toutes saisons dans le pays.

Le quatrième, c'est la polygamie qui avilit la femme et, par suite. démoralise la société.

Pour résoudre les deux premières difficultés je me garde bien de m'adresser aux chefs arabes qui ont tout intérêt à me faire résistance. c'est au peuple même que je fais appel. Je commence par supprimer la division en tribus et je prends pour unité le *douar* (campement), et j'y maintiens le cheikh, qui l'administre déjà. en lui laissant ses attributions purement municipales. Je supprime ainsi d'un trait de plume les caïds et les aghas, ces intermédiaires parasites et. dangereux. En même temps je remets à chaque Arabe, en toute propriété, le double des terres qu'il cultive actuellement. Par cette seule mesure, j'ai tué la féodalité arabe, j'ai constitué l'unité territoriale, j'ai fixé la population au sol, j'ai enchaîné irrévocablement l'Arabe prolétaire à la réforme de la même façon que les hommes de 89 ont employée pour attacher les paysans français à la révolution; enfin, dans chaque tribu, entre les divers douars, j'ai de vastes espaces disponibles pour la colonisation, puisque sur les *quatorze millions* d'hectares qui forment le Tel, les Arabes en cultivent à peine *deux millions*.

Pour détruire la difficulté de circuler dans toute l'Algérie, je concède le réseau des voies ferrées à une Compagnie à laquelle je donne en prime une forte partie des terres disponibles. La viabilité établie, l'armée d'occupation peut être diminuée, le contrôle devient facile au pouvoir central, le territoire tout entier devient accessible à l'exploitation industrielle.

Pour détruire la polygamie, je me garde bien d'avoir recours à une loi, c'est-à-dire à la force. Après une étude sommaire de la Société arabe, je reconnais sans peine que l'Arabe n'est point polygame par sensualité; que la présence de deux ou trois femmes enfermées dans la même tente lui rend la vie fort dure, comme vous le comprendrez sans que j'aie besoin d'entrer dans des détails. Je me demande pourquoi, de gaîté de cœur, il s'inflige cet enfer matrimonial, et je découvre bientôt qu'il a des raisons excellentes. Je constate que l'industrie n'existant pas dans la tribu, l'Arabe est obligé de tout confectionner chez lui; que ses femmes sont ses servantes, non ses compagnes; qu'elles sont chargées de moudre son grain et de faire son pain, et tiennent ainsi lieu du minotier et du boulanger; qu'elles tissent son burnous et son haïk, et lui tiennent lieu de tailleur; qu'elles lui confectionnent les pâtisseries, les *diffas* qu'il offre à ses hôtes, et qu'elles lui tiennent lieu de restaurateur; qu'elles lui fabriquent sa tente en poil de chameau, et qu'ainsi elles lui tiennent lieu de maçon. Or, voici venir la colonisation industrielle qui va dénouer le nœud, si compliqué en apparence, de la polygamie. La création de minoteries dans le voisinage des tribus ayant été partout une excellente opération, je suis sûr de ne pas manquer d'acquéreurs pour les nombreuses chutes d'eau qui existent en Algérie. D'un autre côté, les fabriques de lainages s'installant, les machines font à la main-d'œuvre des femmes une concurrence qu'elle ne peut soutenir. Enfin, l'Arabe étant attaché à la même place par le lien de la propriété, la tente lui devient incommode, elle est remplacée par le gourbi, puis par la maison. Et voilà la femme débarrassée, d'un coup, des fonctions de minotier, de tailleur et de maçon. Ce n'est pas tout : je vois que les pères vendent les filles aux maris, et qu'en conséquence ils ont intérêt à ne pas exiger l'insertion dans le contrat de clauses trop favorables à la dignité et au bonheur de leur fille, parce que ce serait évidemment diminuer la valeur de la marchandise, et je m'aperçois que tout cela est contraire à la loi musulmane, qui veut que la dot acquittée par le mari serve de douaire à la fille et non de prime au père : je tiens la main à l'exécution de cette loi, et il en résulte forcément que le père devient l'avocat zélé de sa fille au moment du contrat, parce qu'aucun intérêt personnel ne vient plus contrarier sa tendresse.

Bientôt les enclaves que j'ai laissées libres à la colonisation se remplissent, des transactions s'établissent entre les indigènes et les Européens ; et bientôt les familles se trouvent enchevêtrées, et il n'y a plus une commune entièrement arabe ou entièrement française.

C'est ainsi, monsieur, que je voudrais voir opérer le Lieutenant de l'Empereur, faisant marcher de front la civilisation et la colonisation, appuyant l'une sur l'autre.

Ce que je demande est-il irréalisable ? Est-il difficile ? C'est au contraire très simple, vous en conviendrez, comme toutes les solutions rationnelles.

« Mais, allez-vous me répéter, il peut se faire que les colons appelés par vous ne viennent point ; et alors que devient votre civilisation basée sur la colonisation, à quoi servent vos chemins de fer ? »

J'arrive ainsi à examiner le second point sur lequel nous différons. Je crois à la possibilité d'attirer en Algérie une population nouvelle et nombreuse ; vous n'affirmez pas le contraire, mais à cet égard vous vous

enveloppez dans le doute et vous me faites des objections sérieuses.

Vous m'objectez d'abord que je n'aurai point de colons, et pour le prouver vous me dites que le Français
est peu disposé à quitter le sol natal ; que depuis dix
ans la France n'a fourni à l'émigration que deux cent
mille colons.

Cette objection serait très sérieuse si jamais j'avais
prétendu qu'il fallût peupler l'Algérie de colons français, mais ai-je dit cela ? Je crois avoir toujours dit
précisément le contraire. Je pense que l'Algérie doit
être une terre de libre colonisation, et c'est pour cela
même que, d'accord avec vous, je demande pour elle
une constitution assez largement conçue pour ne frois-
ser aucune race d'émigrants. Pour peupler l'Algérie, je
ne m'adresse pas seulement aux Français, mais aussi
aux Allemands, aux Espagnols, aux Irlandais. Je pense
pourtant que le jour où l'Algérie serait une terre de
liberté, le nombre des émigrants français y serait plus
considérable, et vous comprenez mes raisons ; mais
cela, je l'avoue, n'est qu'une hypothèse.

Ce qui est vraiment sérieux, c'est la comparaison
entre le chiffre de l'émigration générale et le chiffre
de l'immigration en Algérie. Comment se fait-il que
l'Australie se peuple, que les possessions anglaises se
peuplent, que les États-Unis se peuplent, et que l'Algérie en trente ans n'ait pas reçu deux cent mille colons ? Comment se fait-il, en admettant que deux cent
mille émigrants en moyenne aient quitté la France
chaque dix ans, cent mille seulement, un sixième à
peine du chiffre total, se soient rendus en Algérie ?
Vous admettez avec moi qu'il n'y a pas d'effet sans
cause ; quelle est donc la cause du fait économique
que je vous signale ?

Faut-il chercher cette cause dans l'insalubrité de
l'Algérie, dans l'infertilité de son sol ? Non, vous reconnaissez, d'accord avec les statistiques, que l'Algérie
est douée d'un climat délicieux, que ses terres sont fer-

tiles, que ses mines sont riches, que ses forêts sont vastes, que ses ressources de toute nature sont aussi importantes que variées.

Pourquoi donc l'Algérie ne se peuple-t-elle pas ? Quelle est la cause du discrédit dont elle est l'objet de la part de l'émigration en général et de l'émigration française en particulier?

Cette cause, je la trouve moi dans les institutions qui régissent l'Algérie, et je défie bien qu'on la trouve ailleurs ; je la trouve dans le protectionnisme économique, dans le régime bureaucratico-militaire. Mais que l'on écoute enfin, je ne dis pas ma voix, mais la voix de la raison ; qu'on applique en Algérie le régime qui réussit partout ailleurs; que l'Algérie offre à l'émigrant ce que lui offre l'Amérique, la liberté ; pourquoi, je le demande, l'Algérie luttant désormais à armes égales. ne disputerait-elle pas quelques émigrants à l'Amérique et à l'Australie ? Pourquoi les émigrants ne viendraient-ils pas chercher à quelques lieues de l'Europe ce qu'ils vont péniblement chercher de l'autre côté de l'océan? Vous voyez que je raisonne sur des chiffres, sur des faits, non sur des suppositions gratuites ; il ne vous suffit donc pas de répondre « je doute. » il faut aussi me faire connaître pourquoi vous doutez.

Vous me dites à la vérité que la liberté ne suffira peut-être pas à peupler l'Algérie. C'est une supposition que cela, sur quoi la basez-vous ? moi je prétends au contraire que si la liberté suffit à amener le peuplement de l'Australie et de l'Amérique, elle doit suffire aussi à amener le peuplement de l'Algérie. Je dis que ce qui est blanc là-bas, ne saurait être noir ici, que ce qui vivifie à New-York ne saurait être un poison à Alger. Est-ce le contraire que vous prétendez affirmer ?

Vous me dites aussi que la colonisation n'est point, comme je le pense, une question simple que la liberté peut résoudre seule, et pour preuve vous me citez le nombre et la variété des ouvrages qui ont été écrits sur la question. Que diriez-vous si, lorsque vous avancez que la paix de l'Europe peut être assurée par le désarmement européen, je m'avisais de vous répondre que la question n'est pas aussi simple que vous le croyez, et si je vous donnais pour preuve la nomenclature des ouvrages de stratégie et des traités de politique internationale qui ont paru seulement depuis vingt années? Que diriez-vous si, lorsque vous proposez de résoudre la question d'Orient en neutralisant le détroit des Dardanelles, je criais à l'impossible en vous citant les ouvrages qui ont traité de la question d'Orient? Vous me répondriez que si la vérité est une, l'erreur est multiple ; qu'en citant les autres sans prouver qu'ils aient raison, je ne prouve pas que vous ayez tort ; que les questions simples, et je ne crois pas qu'il y en ait d'autres, apparaissent compliquées lorsque l'empirisme politique et économique les embrouille à plaisir. Voilà, Monsieur, ce que vous me répondriez ; voilà ce que je vous réponds.

Oui certes, si l'on veut réglementer la colonisation, en fixer la marche, en régler la manifestation ; oui certes, la colonisation sera une question compliquée. Les systèmes heurteront les systèmes ; les expédients heurteront les expédients. L'un plaidera la cause des petites concessions, l'autre celle des concessions étendues ; l'un voudra des colonies militaires, l'autre des villages civils, celui-là des villages départementaux ; l'un demandera que la colonisation agricole précède la colonisation industrielle, celui-là demandera que toutes deux cèdent le pas à la colonisation commerciale ; l'un voudra que les colons fassent du tabac, l'autre qu'ils élèvent des vers à soie, celui-là qu'ils fassent du blé ; et la colonisation, placée entre l'empirisme du médecin *Tant pis*, l'empirisme du médecin *Tant mieux* et l'empirisme du docteur Sangrado, finira par mourir à force d'avoir été soignée.

Mais si l'on veut admettre une fois pour toutes que l'homme n'est pas un être absurde, que pour avoir du bons sens il n'est pas indispensable d'être gouvernant, que la conscience de ses intérêts vaut bien la sollicitude officielle, que le sens commun vaut mieux que le sens administratif, que l'initiative individuelle est une force utile et non une manifestation anarchique, que les interventions de l'Etat n'ont pour effet que de déranger l'équilibre économique, on laissera faire le colon et on lui permettra de régler son existence d'après les données de son expérience personnelle, d'après les tendances de sa nature, et non d'après les idées, parfois les chimères, de tel ou tel administrateur. Il verra lui-même s'il lui faut dix hectares ou vingt hectares, s'il lui faut planter du tabac ou semer du blé, faire de l'industrie ou de l'agriculture ; et la question de colonisation ne sera pas plus compliquée en Algérie qu'elle ne l'est en Amérique.

Vous me dites aussi, ou du moins vous indiquez que la colonisation de l'Algérie nécessiterait le maintien en Algérie d'une armée considérable. Vous me demandez si pour protéger cent mille, cinq cent mille colons, j'ai la prétention que l'on conserve l'effectif actuel ; je pourrais pour vous répondre me borner à vous demander de mon côté si pour accomplir votre œuvre de civilisation vous ne subirez pas la même obligation ? Mais à quoi servirait de renvoyer l'argument ? Ce serait éluder, non répondre : j'aime mieux répondre, car ainsi que vous l'avez fort justement dit, nous ne discutons pas pour discuter.

Je crois — et je base ma conviction sur ce que j'ai vu dans la colonie, — je crois que la conservation de l'effectif actuel n'est en aucun cas nécessaire au maintien de l'ordre en Algérie. Je suis convaincu que dès à présent un effectif de vingt ou vingt cinq mille hommes suffirait largement à parer aux éventualités. Pendant la guerre d'Orient, à une époque où les Arabes nous savaient engagés dans une guerre européenne — ce qui pouvait d'autant plus leur donner des velléités de soulèvement, qu'ils exagéraient nos dangers — l'effectif a été réduit au chiffre que je fixe sans que l'ordre en ait souffert le moins du monde.

Mais si dès aujourd'hui l'effectif qui occupe l'Algérie n'y est pas nécessaire, que sera-ce le jour où, au lieu de deux cent mille colons, on en aura cinq cent mille? Que sera-ce le jour où des chemins de fer rendront la circulation facile dans toute l'étendue de l'Algérie ? J'en conclus que si, après l'érection de l'Algérie en vice-royauté. le gouvernement y maintient cinquante mille hommes, ce ne sera ni votre système ni le mien qu'il faudra en rendre responsables.

Vous me faites enfin remarquer que mon système de libre colonisation peut très bien ne pas être adopté, et pour preuve vous me rappelez ce qui m'est arrivé depuis quatre ans que je prêche.

A cela, vous le comprendrez, je n'ai rien à dire, sinon que je reconnais volontiers que mes débuts ne sont pas encourageants ; un journal supprimé arbitrairement par le ministère de la guerre. un autre journal suspendu contrairement aux prescriptions du décret organique. supprimé ensuite par décret, trois brochures saisies et une condamnation à deux mois de prison et mille francs d'amende. tel est le résumé exact des succès que j'ai obtenus en plaidant la cause de la liberté. Il est vrai que j'ai avec moi la population civile de l'Algérie qui l'a manifesté par des pétitions chaque fois que je le lui ai demandé ; mais comme elle n'est point appelée à régler elle-même ses affaires, comme elle n'est même point consultée sur ses besoins par le scrutin, c'est un bien faible appui pour mes doctrines. Est-ce une raison pour désespérer et me taire ? Je ne le crois pas, et je continuerai de dire ce que je crois être la vérité.

Finirai-je par être entendu, je ne sais, mais cela importe peu dans le débat actuel; car il ne s'agit pas de savoir si l'on m'a donné, si l'on me donne, si l'on me donnera raison, mais si j'ai réellement raison, ce qui n'est pas toujours la même chose : l'expérience a dû vous le démontrer.

Cependant, puisque vous avez examiné la question au point de vue du succès *possible*, permettez-moi de vous demander si vous espérez bien sérieusement que l'on créera sans difficultés la Lieutenance de l'Empire que nous voulons tous deux. Comptez, je vous prie, nos adversaires.

Nous allons avoir contre nous, d'abord, les hommes qui s'arrêtent aux mots au lieu d'aller au fonds des choses. Ceux-là vont dire (ils me l'ont déjà dit, à moi) que nous prêchons la séparation entre l'Algérie et la France, et que nous demandons à la France de préparer cette séparation de ses propres mains. Je leur ai déjà répondu que l'émancipation n'était pas la séparation ; qu'elle était même, à mon sens, le moyen le plus sûr de l'éviter ; que la France, en donnant dès aujourd'hui à l'Algérie la dose de liberté et d'indépendance qui lui est nécessaire pour se développer, lui enlèvera toute velléité de séparation violente pour l'avenir ; que du même coup elle se débarrassera d'une tutelle fort onéreuse et acquerra des droits à la gratitude de l'Algérie. J'ai dit tout cela, mais cela n'a point empêché mes adversaires de répéter sur tous les tons que je prêchais la séparation, et que même je ne serais pas éloigné d'appeler les Anglais dans la colonie. Prenez garde, car désormais vous êtes mon complice.

Nous allons avoir ensuite affaire aux partisans de l'assimilation absolue, qui pensent que l'Algérie doit être complètement française, qui ne veulent accepter aucune modification des lois métropolitaines, sans tenir compte des différences essentielles qui existent entre un pays jeune et un pays vieux, entre un pays peuplé et un pays qui, s'il veut l'être, doit faire concurrence à la libre Amérique. Cette opinion a été soutenue par des hommes d'une valeur incontestable, et longtemps elle a été le drapeau sous les plis duquel se groupait le libéralisme algérien. Elle a été soutenue dans la *Presse*, je crois, à l'époque où vous la dirigiez, par un homme pour le talent et le caractère duquel j'ai la plus profonde estime.

Enfin nous aurons contre nous ce qu'on appelle les *hommes pratiques*, et c'est sur eux que j'appelle spécialement votre attention. Ils vous diront que, pour créer la Lieutenance de l'Empire, avec un budget spécial et des pouvoirs suffisants, il ne suffit pas de l'agrément du chef de l'Etat, qu'il faut aussi obtenir un sénatus-consulte. Ils ne manqueront pas d'ajouter qu'en pareille matière la forme emporte le fonds, et que la difficulté de formuler est pour le moins aussi grande que la difficulté de résoudre. Que leur répondrez-vous ? Je pense que vous feriez bien de le dire, car si vous trouviez un mode simple de procéder, vous feriez faire, je crois, un pas immense à la question.

Mais il est temps de finir cette lettre déjà bien longue, et pour la finir je reprends son début : Nous sommes bien près de nous entendre.

En fait que voulons-nous ?

Nous voulons tous deux la création de la Lieutenance de l'Empire avec un budget spécial, avec des lois et des institutions appropriées à un pays où les Français ne sont pas et ne seront probablement jamais en majorité.

Nous croyons tous deux que la liberté doit être la base de ces institutions, et c'est de la liberté que nous attendons la civilisation et la colonisation.

Vous voulez que l'Agérie s'administre elle-même sous l'autorité de l'Empereur, et vous voulez pour cela qu'elle suffise à ses besoins, ne laissant à la charge de la France que l'entretien de l'armée d'occupation. Je l'entends ainsi; et si je demande la construction de voies ferrées, c'est que je crois pouvoir trouver dans le budget algérien bien administré des ressources suffisantes pour la garantie d'un minimum d'intérêt, et dans les vastes landes incultes un moyen de subvention, sans cela je ne demanderais pas de voies ferrées.

Nous sommes donc, je le répète encore, bien près de nous entendre, et notre désaccord est plutôt théorique que pratique.

Permettez-moi en terminant de vous remercier d'avoir loyalement accepté la discussion que je vous avais loyalement offerte. Au milieu des dures épreuves que je viens de subir, rien ne pouvait m'être plus sensible que ce témoignage de sympathie. Je fais des vœux pour que votre voix plus puissante que la mienne soit entendue ; mais, quoi qu'il arrive, l'Algérie devra vous être reconnaissante du soin que vous avez pris d'elle au moment où personne ne s'en occupe.

CLÉMENT DUVERNOIS.

A M. Clément Duvernois.

III

Privé de la publicité de l'*Algérie nouvelle*, ce débat perd l'intérêt et l'importance qu'il lui empruntait ; le creuser jusqu'au fond ce serait le prolonger dans le vide ; il n'y a donc plus qu'à le clore sommairement, et c'est ce que je vais faire.

De votre propre aveu, la colonisation n'est possible qu'avec la liberté. Or, la libre-colonisation telle que vous l'entendez et telle que j'eusse été désireux d'en voir faire complètement l'expérience, ayant perdu toutes les chances d'application qu'elle a eues un moment, en 1858, sous le ministère du prince Napoléon. n'en parlons plus ! Ce serait du papier et de l'encre

usés sans servir à rien. Comment parler sérieusement de libre-colonisation quand ses apôtres les plus
fervents sont qualifiés d'agitateurs dangereux, quand
ses défenseurs sont condamnés au silence et traités en
ennemis qu'on désarme ?

La colonisation sans la liberté n'étant pas en cause
dans ce débat, je n'ai point à m'en occuper ; j'ajourne
à quatre ans les espérances qui se fondent sur l'exécution de la rue du Rempart à Alger ; sur la construction
du bassin de radoub et du brise-lames qui manquent
à son port ; sur l'achèvement des routes d'Alger à La-
ghouat, d'Oran à Tlemcen, de Stora à Biskra ; sur la
multiplication des forages et des phares ; sur la con-
cession des chemins de fer de Philippeville à Constantine, d'Alger à Blidah et d'Oran à Saint-Denis-du-Sig.
Dans quatre ans se réglera ainsi qu'il suit le compte
des travailleurs que ces travaux publics excédant cent
millions de francs auront directement et indirectement
attirés de France en Algérie : premièrement ceux qui
y seront morts ; deuxièmement ceux qui s'y seront
fixés ; troisièmement ceux qui en seront revenus.
Alors on verra de combien se sera grossi le chiffre
des colons !

Parlons donc uniquement de la civilisation des indigènes. « Tous les administrateurs qui se sont succédés en Algérie ont, dites-vous, partagé ma manière
de voir. » Alors la mienne ne serait que la leur. C'est
ce que je nie. Le contraire est le vrai. Il n'y a qu'à
ouvrir le *Recueil des actes du gouvernement de l'Algérie*
de 1830 à 1860 pour acquérir la preuve que les vingt-
cinq administrateurs qui, en trente ans, (1) se sont

---

(1) Comte Clauzel ; baron Berthezène ; duc de Rovigo ; Avizard ;
baron Voirol ; comte d'Erlon ; baron Rapatel ; comte de Dam-
rémont ; général Négrier ; comte Valée ; vicomte de Schramm ;
maréchal Bugeaud ; général de La Morcière ; général de Bar ; gé-
néral Bedeau ; duc d'Aumale ; général Cavaignac ; général Chan-
garnier ; général Marey-Monge ; général Charon ; comte d'Haut-
poul ; général Pélissier ; général Randon ; prince Napoléon ; comte
de Chasseloup-Laubat.

succédés en Algérie ont tous eu, sans en excepter un seul, la même pensée : *Coloniser l'Algérie !* Ils n'ont différé que sur le mode de colonisation plus ou moins civil ou plus ou moins militaire, plus ou moins restreint ou plus ou moins étendu. Chacun d'eux a voulu avoir le sien. « Tous, ajoutez-vous, ont été convaincus qu'il fallait respecter non-seulement la religion des Arabes, mais aussi leurs mœurs et jusqu'à leurs préjugés. » Vous trouvez qu'ils ont eu tort ! Je trouve qu'ils ont eu pleinement raison. S'ils eussent agi autrement, que fût-il arrivé ? Ce n'est qu'en 1847, ce n'est qu'après seize années de possession qu'il a été reconnu que le chiffre des indigènes, primitivement évalué de cinq à sept millions, ne dépassait pas deux millions et demi. Même réduit ainsi de plus de moitié, ce chiffre de 2,500,000 Arabes et Kabyles, si on le met en balance avec le chiffre des soldats et des colons français, pèse encore un poids assez lourd pour qu'on le prenne en très sérieuse considération. Contre 2,500,000 indigènes, généralement aguerris et naturellement belliqueux, que vouliez-vous que fissent, à l'origine de la conquête, 20,000 soldats (1) et 20,000 cantiniers, selliers, bourreliers et autres ouvriers à la suite de tout corps d'armée ? Vouliez-vous donc qu'ils mourussent ? Vouliez-vous donc qu'ils s'exposassent à se faire massacrer en blessant le musulman dans ses croyances inséparables de ses mœurs, car sa foi c'est sa loi ? Vouliez-vous donc que l'Algérie eût ses Vêpres algériennes comme, en 1282, la Sicile avait eu ses Vêpres

(1) En 1831, l'effectif des troupes françaises ne s'élevait qu'à 18,000 hommes de toutes armes.
» En 1834, à 30,000.
» En 1838, à 48,000.
» En 1841, à 70,000.
» En 1843, à 76,000.
» En 1845, à 83,000.
» En 1846, à 101,000.

ALEXIS DE TOCQUEVILLE. Rapport à la Chambre des députés. 1847. »

siciliennes qui coûtèrent la vie à tant de Français égorgés ? Il faut être juste et reconnaître que les administrateurs algériens, en paraissant respecter les croyances et les mœurs des indigènes. n'ont fait en réalité que tenir compte de la disproportion considérable existant entre le très grand nombre des vaincus et le très petit nombre des vainqueurs ; ils ont moins obéi à la tolérance qu'à la prudence. Avec une poignée de soldats habilement commandés, fortement appuyés par une savante artillerie, on peut conquérir un territoire occupé par 2,500,000 habitants, mais le coloniser !... Non. La colonisation est l'erreur dans laquelle sont tous tombés l'un après l'autre les vingt-cinq administrateurs successifs de l'Algérie. Louable était l'intention ! mais si louable qu'elle ait été et qu'elle soit, il n'était pas en son pouvoir de changer la nature des choses et de convertir l'erreur matérielle en vérité morale. On. colonise un territoire d'où les indigènes exterminés ou chassés ont disparu ; mais on ne colonise pas un territoire où les indigènes qui le peuplent sont en si grand nombre qu'impossible serait soit de les exterminer, soit de les chasser, fût-on assez barbare, assez impitoyable pour l'entreprendre! C'est là ce que vous me paraissez oublier beaucoup trop facilement. Barbarie et conquête se donnent la main : elles s'allient, elles sont contemporaines. Civilisation et conquête se tournent le dos ; elles s'excluent. elles sont l'une relativement à l'autre à l'état d'anachronisme. Tout le terrain que la civilisation gagne, la conquête le perd. Pourquoi le règne des conquêtes territoriales tire-t-il visiblement à sa fin ? — C'est que la civilisation. si imparfaite qu'elle soit encore, on a déjà changé sensiblement toutes les conditions. On ne massacre plus les vaincus ; on n'en fait même plus des esclaves que le vainqueur vendait, que l'acheteur abrutissait sous le poids du travail et la terreur du supplice. Étant donnée la guerre : je défends logiquement le droit de la conquête contre le droit de la nationalité, lorsque celle-ci ne peut revivre qu'en empruntant le concours d'une intervention armée ; mais étant donnée la civilisation : je condamne souverainement le droit de la conquête, et quand je vois combien, même après la victoire la plus décisive, il lui est difficile de s'exercer et de se légitimer, je bats des mains. Cette difficulté en est l'expiation, Si cette expiation est juste en Pologne, en Vénétie, en Irlande, à quel titre le serait-elle moins en Algérie ? Il est bon qu'il soit malaisé de s'approprier ce qui n'a pas été acquis par le travail, mais conquis par la force !

Entre deux difficultés, le bon sens enseigne de choisir la moins grande. Ainsi s'explique la préférence que je donne à la Civilisation des indigènes sur la Colonisation du territoire ; mais ne pensez pas que je m'aveugle et que je ne voie point que tout en étant moindre, la difficulté sera très grande encore. Certes, s'il s'agissait de signer la Convention du 5 juillet 1830, conclue entre Hussein-Pacha et le comte de Bourmont ; si la France n'avait pas arrosé l'Algérie de son sang ; si l'Algérie ne coûtait pas à la France deux milliards au moins, je ne proposerais pas aux Français de civiliser les Arabes, les Français auraient mieux à faire d'abord pour eux-mêmes et ensuite pour la civilisation. Je suis pour la civilisation par la civilisation, comme je suis pour la liberté par la liberté ; je ne suis pour la civilisation par la conquête et pour la liberté par l'autorité qu'alors que je n'ai pas la faculté du choix et qu'il n'est pas en mon pouvoir de faire autrement. La Convention du 5 juillet 1830, et surtout l'Arrêté du lendemain 6 juillet, portant formation d'une Commission de gouvernement, ont été deux grandes fautes. Au lieu de la dépossession du Dey et de la prise de possession du territoire algérien par l'autorité française, ce qui obligeait, « *avant d'asseoir les ba-*
» *ses d'une organisation administrative, territoriale et lo-*
» *cale,* d'ÉTUDIER *les besoins et les ressources du pays, les*
» *institutions qu'il s'agit de modifier, l'utilité d'un* AMAL-

» GAME *de citoyens notables des différentes castes indigè-*
» *nes et des Français pour remplir les emplois et exercer*
» *les fonctions qui constituent l'ordre civil* (1), » que devait faire le vainqueur ? — Il devait se borner à stipu-
ler la destruction de toute piraterie, l'interdiction de
toute fortification sur la côte, le remboursement des
frais de la guerre et le payement d'un tribut annuel.
Frapper ainsi le Dey d'une juste contribution n'eût-il
pas été plus glorieux que de laisser piller sa casbah ?
Que de sang et d'argent le vainqueur se fût épargné à
lui-même, s'il n'eût fait rien de plus que ce qu'il devait se borner à faire ! Toute faute se paye. Celle-là
nous a déjà coûté cher et elle n'est pas entièrement
soldée ; qui peut dire ce qu'elle nous coûtera encore !

Si j'ai rappelé ici la Convention du 5 juillet 1830, au
bas de laquelle est apposée la signature de la France,
c'est que cette Convention marque mon point de départ.

Elle porte :

« L'exercice de la religion mahométane restera li-
» bre. La liberté des habitants de toutes les classes,
» leur religion, leurs propriétés, leur commerce et leur
» industrie ne recevront aucune atteinte. Leurs fem-
» mes seront repectées. »

Cette Convention formelle n'exclut pas la Colonisation du territoire, mais évidemment elle la subordonne implicitement à la Civilisation des indigènes.

Or, c'est le contraire qu'on a tenté.

Ce qu'avant tout on devait faire, dès qu'on détrô-
nait le dey d'Alger, c'était de donner aux indigènes un
gouvernement qui le remplaçât et qui fût un progrès
pour eux en même temps qu'une garantie pour nous.

Est-ce là ce qu'on a fait ? Non. Tous les actes du gouvernement vainqueur portent l'empreinte de cette
pensée dominante : administrer l'Algérie à l'image de
la France, de telle sorte que les Français s'établissant

(1) Termes de l'Arrêté du 6 juillet 1830.

à Alger puissent toujours se croire à Paris, et qu'il n'y ait de différent que le climat : mêmes percepteurs, mêmes douaniers, mêmes receveurs de l'enregistrement, mêmes receveurs de l'octroi, mêmes entreposeurs de tabac, mêmes porteurs de contrainte, mêmes commissaires de police, mêmes juges de paix, mêmes juges de première instance, mêmes conseillers d'appel, mêmes conseillers municipaux et généraux, mêmes maires et adjoints, mêmes sous-préfets et préfets, enfin même bureaucratie. Rien n'y manque, pas même l'évêché et l'évêque !

Qu'appelez-vous Algériens ? Sont-ce les indigènes, sont-ce les Arabes et les Kabyles nés de pères en fils en Algérie ? — Non ; ce sont les Français qui vont y résider. Est-ce que le Russe qui réside en Pologne y prend le nom de Polonais ? Est-ce que l'Autrichien qui réside en Italie y prend le nom d'Italien ? N'existât-il que ce fait qu'il suffirait pour montrer clairement que s'approprier l'Algérie, que la coloniser, quoi que vous en disiez, est le but que n'a cessé de poursuivre la France.

Après trente années d'essais de tous les modes de colonisation, hormis un seul, hormis le mode de colonisation par la liberté comme aux États-Unis, à quel résultat, de 1830 à 1860, est-on arrivé ? — A grand peine et à grands frais on est arrivé au chiffre de 106.000 Français. Ce chiffre eût-il été sensiblement moindre si le gouvernement vainqueur se fût principalement occupé de gouverner le vaincu, de le civiliser ? La preuve que non, c'est le nombre des Espagnols établis en Algérie ; ce nombre y dépasse 45,000; une autre preuve, c'est le nombre des Français établis en Turquie, en Égypte et dans la régence de Tunis, où l'administration et les lois de ces pays leur suffisent apparemment pour y exercer leur industrie et leur commerce puisqu'ils y vont et qu'ils y restent.

Ce qui précède suffisant pleinement pour démontrer que dès le lendemain de la prise d'Alger le vainqueur s'est moins occupé de gouverner le vaincu que de l'opprimer, de le civiliser que de le maîtriser, j'arrive à la question de savoir ce qu'aurait dû, ce que devrait être « *le gouvernement arabe du sultan français.* »

Vous me demandez si les agents seraient Français ou s'ils seraient indigènes ; je vous réponds : — A conditions égales d'aptitude, la préférence serait donnée aux indigènes, afin de les stimuler et de les former ; mais pour les indigènes comme pour les Français, la première condition à l'obtention de cette préférence serait de parler, de lire et d'écrire avec la même facilité les deux langues : la langue du gouvernant et la langue du gouverné. A cela vous répliquez que, « si les agents sont Arabes, on n'empêchera jamais les chefs indigènes de piller leurs administrés et de persister dans leurs habitudes traditionnelles d'exaction et d'oppression. » Ce que vous affirmez là est précisément ce que je nie : entre une affirmation et une négation, l'une et l'autre dénuées de preuves, il n'y a qu'à la démonstration de l'expérience qu'il appartient de prononcer. Je ne la redouterais pas pour mon compte. Est-ce qu'en France le contribuable n'a pas été pillé et soumis pendant des siècles à l'exaction la plus invétérée et à l'oppression la plus multipliée ? Est-ce que cette exaction et cette oppression, elles aussi traditionnelles, n'ont pas fini par faire place à une administration plus intègre et moins tyrannique ? L'impôt ne saurait-il être amené à ce degré de simplicité et de précision que, même perçu par des mains arabes, toute concussion soit matériellement impossible ? Si cette question en est encore une pour vous, elle n'en est plus une pour moi. Avec l'impôt de surface *détributisé* et individualisé, cet impôt étant le seul, plus d'exaction possible, plus de féodalité indigène ! Qui dit impôt individuel dit propriété privative. Qui dit établissement de la propriété privative dit anéantissement de la tribu. Qui dit anéantissement de la tribu dit civilisation de l'Arabe.

Individualisation, proportionnalité, égalité et unité de l'impôt : tout est là. C'est le nœud de la question. Est-ce que le Coran fait de l'impôt collectif un article de foi? Si cette prescription s'y trouve, citez-la moi ; je conviendrai qu'elle a échappé à mes recherches. Je viens de relire le Coran avec attention ; non seulement il ne s'oppose point à l'individualisation, à la proportionnalité, à l'égalité et à l'unité de l'impôt, mais il ne fait aucun obstacle à aucun progrès de la civilisation ; ils les admet tous (1). Ce n'est point dans le Coran que les Arabes puisent leur fanatisme, c'est dans leur ignorance. Loin de le prescrire, le Coran le proscrit en ces termes : « *Point de violence en matière de religion. La vérité se distingue assez de l'erreur. Chap.* II, v. 257. » Voulez-vous détruire le fanatisme des Arabes, détruisez leur ignorance! Mais la preuve que vous êtes du même avis que moi, résulte de tout ce que vous dites sur la polygamie, que vous réduisez à une simple question de minoterie et de fabrique. Inutile donc d'insister plus longuement sur ce point. J'ai hâte d'ailleurs d'arriver à votre dernière question, car il ne s'agit pas de prolonger ce débat privé de publicité, mais de le clore. Vous me demandez ce que je répondrais aux « hommes pratiques » qui me diraient : « Pour créer la Lieutenance de l'Empire avec un budget spécial et des pouvoirs suffisants, il ne suffit pas de l'agrément du chef de l'État, il faut aussi obtenir un sénatus-consulte, et en pareille matière la forme emporte souvent le fond. » Je leur répondrais qu'ils supposent une difficulté de forme qui n'existe pas. Où serait-elle? Quel motif le Sénat aurait-il de faire résistance sur ce point à la volonté de

(1) A un dîner du général en chef chez le scheik El-Fayoum, on parlait du Coran. « Toutes les connaissances humaines s'y trouvent », disaient les scheiks. — « Y voit-on l'art de fondre les canons et de faire la poudre? » demanda Napoléon. — « Oui, répondirent-ils, mais il faut savoir le lire. »
(*Mémoires de Napoléon.*) DICTIONNAIRE NAPOLÉON, p. 137.

l'Empereur? Lorsque la France ne posséderait plus l'Algérie qu'au même titre que l'Égypte est possédée par la Turquie, qu'y perdrait la France? Non seulement elle n'y perdrait rien, mais elle y gagnerait d'avoir vidé une question qui ne saurait rester plus longtemps en suspens sans nuire à la considération de notre pays et sans donner de la capacité de nos ministres la plus mince opinion. J'ajouterai, et s'il le fallait je le démontrerais, que le risque de séparation et d'indépendance serait moindre avec l'exercice de la suzeraineté qu'avec le développement de la colonisation. Questions de Constitution; questions de législation et de législature; questions d'attributions de pouvoirs : législatif ou exécutif, judiciaire ou administratif; questions de budget; questions d'impôts; questions de naturalisation; questions de recrutement, etc., etc.; la colonisation complique tout. C'est l'assimilation en pays dissemblables; c'est l'oppression organisée. Au contraire, la suzeraineté simplifie tout. C'est l'annexion; c'est l'autonomie respectée.

Réfléchissez-y bien et vous reconnaîtrez que la Colonisation du territoire serait un déplacement de population, rien de plus; elle ne serait pas la solution d'une question; la Civilisation des musulmans, au contraire, serait une solution; car s'il était démontré par l'expérience que cette civilisation est possible, ce serait l'affranchissement de tous les rayas, puisqu'il n'y aurait qu'à continuer à Constantinople ce qui aurait réussi à Alger.

ÉMILE DE GIRARDIN.

Paris. — Imp. SERRIERE, 123, rue Montmartre.